作战飞机
鉴赏指南（珍藏版）
（第2版）

编委会 编著

清华大学出版社
北京

内 容 简 介

本书精心选取了世界各国现役的近百种作战飞机,涵盖了战斗机、轰炸机、攻击机、武装直升机以及无人战机等不同种类的飞机。为了增强阅读趣味性,并帮助读者更深刻地了解各类作战飞机,本书每种战机的介绍都特意分为研发历史、机体构造、机载武器、电子设备、服役记录和10秒速识等多个板块,并详细罗列了各项参数。

本书内容翔实、结构严谨、分析讲解透彻,而且图片精美丰富,既适合广大军事爱好者阅读和收藏,也可以作为青少年的科普读物。

本书封面贴有清华大学出版社防伪标签,无标签者不得销售。
版权所有,侵权必究。举报:010-62782989,beiqinquan@tup.tsinghua.edu.cn。

图书在版编目(CIP)数据

作战飞机鉴赏指南(珍藏版)/《深度军事》编委会编著. —2版. —北京:清华大学出版社,2018 (2025.5重印)
(世界武器鉴赏系列)
ISBN 978-7-302-50958-5

Ⅰ. ①作… Ⅱ. ①深… Ⅲ. ①歼击机—世界—指南 Ⅳ. ① E926.31-62

中国版本图书馆 CIP 数据核字 (2018) 第 190338 号

责任编辑:李玉萍
封面设计:郑国强
责任校对:张彦彬
责任印制:丛怀宇
出版发行:清华大学出版社
　　　　　网　　址:https://www.tup.com.cn,https://www.wqxuetang.com
　　　　　地　　址:北京清华大学学研大厦A座　　邮　　编:100084
　　　　　社 总 机:010-83470000　　　　　　　　邮　　购:010-62786544
　　　　　投稿与读者服务:010-62776969,c-service@tup.tsinghua.edu.cn
　　　　　质 量 反 馈:010-62772015,zhiliang@tup.tsinghua.edu.cn
印 装 者:北京联兴盛业印刷股份有限公司
经　　销:全国新华书店
开　　本:146mm×210mm　　　　　　　　　　　印　　张:10.75
版　　次:2014年6月第1版　2018年9月第2版　印　　次:2025年5月第10次印刷
定　　价:49.80元

产品编号:076427-01

丛书序
FOREWORD

  国无防不立，民无防不安。一个国家、一个民族，最重要的两件大事就是发展和安全。国防是人类社会发展与安全需要的产物，是关系到国家和民族生死存亡的根本大计。军事图书作为学习军事知识、了解世界各国军事实力的绝佳途径，对提高国民的国防观念、加强青少年的军事素养有着重要意义。

  与其他军事强国相比，我国的军事图书在写作和制作水平上还存在许多不足。以全球权威军事刊物《简氏防务周刊》（英国）为例，其信息分析在西方媒体和政府中一直被视为权威，其数据库广泛被各国政府和情报机构购买。而由于种种原因，我国的军事图书在专业性、全面性和影响力等方面都还有明显不足。

  为了给军事爱好者提供一套全面而专业的武器参考资料，并为广大青少年提供一套有趣、易懂的军事入门级读物，我们精心推出了"世界武器鉴赏系列"图书，内容涵盖现代飞机、现代战机、早期战机、现代舰船、单兵武器、特战装备、世界名枪、世界手枪、美国海军武器、二战尖端武器、坦克与装甲车等。

  本系列图书由国内资深军事研究团队编写，力求内容的全面性、专业性和趣味性。我们在吸收国外同类图书优点的同时，还加入了一些独特的表现手法，努力做到化繁为简、图文并茂，以符合国内读者的阅读习惯。

　　本系列图书内容丰富、结构合理，在带领读者熟悉武器历史的同时，还可以使读者提纲挈领地了解各种武器的作战性能。在武器的相关参数上，我们参考了武器制造商官方网站的公开数据以及国外的权威军事文档，努力做到有理有据。每本图书都有大量的精美图片，配合别出心裁的排版，具备较高的欣赏和收藏价值。

前言
PREFACE

自从在一战中首次投入使用后，作战飞机就已经成为决定战争胜负的重要力量之一。随着作战飞机家族的不断壮大，飞机与战争的联系也越来越紧密。战机因战争的需求而飞速发展，并不断改变着战争的形态。从飞机首次运用于战争到现在，已经经过了上百年的发展历程。时至今日，各类战机在夺取制空权、防空作战、支援地面部队和舰艇部队作战等方面，仍然发挥着巨大作用。

本书精心选取了世界各国现役的近百种作战飞机，涵盖了战斗机、轰炸机、攻击机、武装直升机以及无人作战机等不同种类的战机。为了增强阅读趣味性，并帮助读者更深刻地了解各类作战飞机，本书每种战机的介绍都特意分为研发历史、机体构造、机载武器、电子设备、服役记录和10秒速识等多个板块，并详细罗列了各项参数。

本书紧扣军事专业知识，不仅可引导读者熟悉战机历史，而且可以了解战机的作战性能，特别适合作为广大军事爱好者的参考资料和青少年朋友的入门读物。全书共分为6章，涉及内容全面合理，并配有丰富而精美的图片。

本书是真正面向军事爱好者的基础图书。全书由资深军事团队编写，力求内容的全面性、趣味性和观赏性。全书内容丰富、结构合理，关于战机的相关参数我们还参考了制造商官方网站的公开数据以及国外的权威军事文档。

本书由《深度军事》编委会创作，参与本书编写的人员有杨淼淼、阳晓瑜、陈利华、高丽秋、龚川、何海涛、贺强、胡姝婷、黄启华、黎安芝、黎琪、黎绍文、卢刚、罗于华等。对于广大资深军事爱好者以及有意掌握国防军事知识的青少年，本书不失为最有价值的科普读物。希望读者朋友们能够通过阅读本书循序渐进地提高自己的军事素养。

本书赠送的图片及其他资源均以二维码形式提供，读者可以使用手机扫描下面的二维码下载并观看。

目录 CONTENTS

Chapter 01　作战飞机漫谈 1
作战飞机发展史 2
作战飞机的分类 5

Chapter 02　战斗机 9
美国 F-4"鬼怪Ⅱ"战斗机 10
美国 F-14"雄猫"战斗机 15
美国 F-15"鹰"式战斗机 19
美国 F-16"战隼"战斗机 24
美国 F/A-18"大黄蜂"战斗/攻击机 29
美国 F-22"猛禽"战斗机 34
美国 F-35"闪电Ⅱ"战斗机 39
俄罗斯米格-29"支点"战斗机 44
俄罗斯米格-31"捕狐犬"战斗机 48
俄罗斯米格-35"支点 F"战斗机 52
俄罗斯苏-27"侧卫"战斗机 56
俄罗斯苏-30"侧卫 C"战斗机 61
俄罗斯苏-33"侧卫 D"战斗机 65
俄罗斯苏-35"侧卫 E"战斗机 69

俄罗斯 T-50 战斗机 73

欧洲 "狂风" 战斗机 78

欧洲 "台风" 战斗机 83

法国 "阵风" 战斗机 87

法国 "幻影Ⅲ" 战斗机 91

法国 "幻影 2000" 战斗机 95

瑞典 JAS 39 "鹰狮" 战斗机 99

印度 "光辉" 战斗机 103

日本 F-2 战斗机 108

Chapter 03　轰炸机 113

美国 B-1 "枪骑兵" 轰炸机 114

美国 B-2 "幽灵" 轰炸机 118

美国 B-52 "同温层堡垒" 轰炸机 122

美国 F-15E "攻击鹰" 战斗轰炸机 127

美国 F-111 "土豚" 战斗轰炸机 131

俄罗斯图 -22M "逆火" 轰炸机 135

俄罗斯图 -95 "熊" 轰炸机 140

俄罗斯图 -160 "海盗旗" 轰炸机 144

俄罗斯苏 -24 "击剑手" 战斗轰炸机 149

俄罗斯苏 -34 "鸭嘴兽" 战斗轰炸机 153

英国 "勇士" 轰炸机 157

英国 "火神" 轰炸机 161

英国 "胜利者" 轰炸机 165

法国 "幻影Ⅳ" 轰炸机 169

Chapter 04　攻击机 173

美国 A-4 "天鹰" 攻击机 174

美国 A-6 "入侵者" 攻击机 178

美国 A-7 "海盗Ⅱ" 攻击机 183

美国 A-10 "雷电Ⅱ" 攻击机..................187
美国 AC-130 "空中炮艇" 攻击机..............191
美国 AV-8B "海鹞Ⅱ" 攻击机.................195
美国 F-117 "夜鹰" 攻击机....................199
英国/法国 "美洲豹" 攻击机...................203
俄罗斯苏-25 "蛙足" 攻击机...................207
法国 "超军旗" 攻击机........................211
巴西/意大利 AMX 攻击机......................215

Chapter 05　武装直升机..................219

美国 AH-1 "眼镜蛇" 武装直升机...............220
美国 AH-6 "小鸟" 武装直升机.................224
美国 AH-64 "阿帕奇" 武装直升机..............228
美国 S-97 "侵袭者" 武装直升机...............233
俄罗斯米-24 "雌鹿" 武装直升机...............236
俄罗斯米-28 "浩劫" 武装直升机...............241
俄罗斯米-35 "雌鹿E" 武装直升机..............245
俄罗斯卡-50 "黑鲨" 武装直升机...............250
俄罗斯卡-52 "短吻鳄" 武装直升机.............254
欧洲 "虎" 式武装直升机......................258
英国 AW 159 "野猫" 武装直升机...............262
英国/法国 SA 341/342 "小羚羊" 武装直升机....266
南非 CSH-2 "石茶隼" 武装直升机..............270
德国 BO 105 武装直升机......................274
意大利 A129 "猫鼬" 武装直升机...............279
印度 LCH 武装直升机.........................283
印度 "楼陀罗" 武装直升机....................286

Chapter 06　无人作战飞机................291

美国 MQ-1 "捕食者" 无人攻击机...............292

美国MQ-9"收割者"无人攻击机 296
美国X-47B"咸狗"无人战斗机 300
美国"复仇者"无人战斗机 304
以色列"哈比"无人攻击机 307
以色列"哈洛普"无人攻击机 312
英国"雷神"无人战斗机 315
法国"神经元"无人战斗机 319
德国/西班牙"梭鱼"无人战斗机 323
意大利"天空"X无人攻击机 327

参考文献 331

Chapter 01
作战飞机漫谈

　　作战飞机是指能以机载武器、特种装备对空中、地面、水上、水下目标进行攻击和担负其他作战任务的各类飞机。现代作战飞机分别具有高空高速、远航程、全天候、大装载量、自动驾驶、超低空突防、实施电子干扰和不同起落方式等性能。

作战飞机发展史

一战初期,军用飞机主要执行侦察、运输、校正火炮等辅助任务。当战争转入阵地战以后,交战双方的侦察机开始频繁活动起来。为了有效地阻止敌方侦察机执行任务,各国开始研制适用于空战的飞机。

世界上公认的第一种战斗机是法国的莫拉纳·索尔尼埃L型飞机。它由于装备了法国飞行员罗朗·加罗斯的"偏转片系统",解决了一直以来机枪子弹被螺旋桨干扰的难题。随后,德国研制出更加先进的"射击同步协调器"并安装在"福克"战机上,成为当时最强大的战斗机。"福克"战机的出现,从根本上改变了空战的方式,提高了飞机的空战能力,从此确立了战斗机上武器的典型布置形式。

在飞机用于军事后不久,人们就开始用飞机轰炸地面目标的试验。1911年10月,意大利和土耳其为争夺北非利比亚的殖民利益而爆发战争。11月1日,意大利的加福蒂中尉驾一架单翼机向土耳其军队投掷了4枚重约2千克的榴弹,虽然战果甚微,但这是世界上第一次空中轰炸。

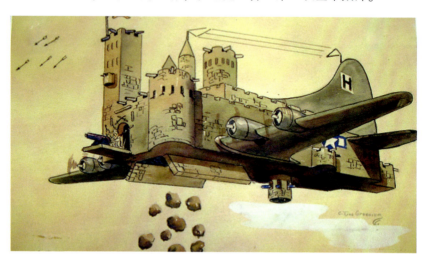

二战时出现的B-17轰炸机漫画

随着空战的日趋激烈，作战飞机从此步入"机动、信息、火力"三者并重的发展轨迹，在速度、高度和火力等方面不断改进。飞机在一战中的地位是从反对研发到不重视，再到重视，其地位的不断提高也为以后的战争方式定下了基调。

由于在一战中后期飞机的战略作用被各个国家所认识，到二战开始时，作战飞机已经得到了很好的发展，各种不同作用用途的战机也应运而生，如攻击机、截击机、战斗轰炸机、俯冲轰炸机、鱼雷轰炸机等。由于二战期间各种舰船（包括航空母舰）得到了大范围的应用，这也为各种舰载机在战斗中提供了巨大的发挥空间，往往成为各种海战的主导者。

F7F 是美国海军二战时期唯一双发动机舰载战斗机

二战时期美国所装备的 A-20 轰炸机（可作为战斗机、攻击机使用）

20 世纪 50 年代初，首次出现了喷气式战斗机空战的场面。苏联制造的米格-15"柴捆"（Faggot）和美国制造的 F-86"佩刀"（Sabre）都采用后掠后翼布局，飞行速度都接近音速（1100 千米/时），飞行高度为 15000 米。机载武器已发展到 20 毫米以上的机炮，瞄准系统中装有雷达测距器。带加力燃烧室的涡轮喷气发动机便于改善飞机外形，战斗机的速度很快突破了音障。到了 20 世纪 60 年代以后，战斗机的最大速度已超过了两倍音速，配备武器已从机炮、火箭弹发展为空对空导弹。

米格-15"柴捆"战斗机

F-86"佩刀"战斗机

现代空战要求飞机具有良好的机动性,即转弯、加速、减速和爬升性能。装备的武器则是机炮和导弹并重。因此,此后新设计的作战飞机不再追求很高的飞行速度和高度,而是着眼于改进飞机的中、低空机动能力,完善机载电子设备、武器和火力控制系统。近年来发生的一些局部战争甚至完全通过空中打击来实现战略目标。随着各种高新技术的不断加入,作战飞机在战争中的地位势必越来越重要。

作战飞机的分类

战斗机

　　战斗机是一种以击落、驱逐对方飞行器为目标设计制造的飞机,为了获得优异的空中格斗能力,现代战斗机在性能、外形、动力装置、机载设备、武器配备和火控系统等方面均有一些新的改进。早期的战斗机是在飞机上安装机枪来进行空中战斗。而现在每架战斗机都装有20毫米以上的航空机关炮,还可携带多枚雷达制导的中距拦射导弹和红外线制导的近距格斗导弹和炸弹或命中率很高的激光制导炸弹以及其他对地面目标进行攻击的武器。随着科学技术的发展,战斗机也开始负担侦查、对地攻击、电磁压制等综合任务。

F-35 战斗机

轰炸机

轰炸机是空军实施空中突击的主要机种,具有突击力强、航程远、载弹量大等特点,除了投常规炸弹外,它还能投掷核弹或发射空对地导弹。轰炸机按起飞重量、载弹量和航程的不同大致分为轻型、中型和重型三类。轻型轰炸机一般能装载炸弹3~5吨,中型轰炸机能装载炸弹5~10吨,重型轰炸机能装载炸弹10~30吨。为了抵御敌方战斗机的攻击,20世纪50年代以前设计的轰炸机,普遍装有旋转炮塔。60年代以后,由于空对空导弹的发展,炮塔自卫已失去意义。现代轰炸机多靠改善低空突防性能、采用隐身技术来提高自卫能力。

目前世界上唯一的隐身战略轰炸机——B-2轰炸机

攻击机

攻击机主要用于从低空、超低空突击敌战术或浅近战役纵深内的目标,直接支援地面部队作战,也是作战飞机的一种。但由于在战场上最容易受到对方攻击而损失,为提高生存能力,攻击机一般在其要害部位均有装甲防护。目前,在国外凡执行空中战役战术纵深攻击任务,一般都用战斗轰炸机,而实施近距空中支援攻击任务则用攻击机。在未来的空中战场上,单一用途的攻击机的地位将会有所下降。

F-117 攻击机

武装直升机

　　武装直升机是一种装备进攻性武器的军用直升机，主要可用于攻击地面目标如步兵、装甲车辆和建筑等。因为具有飞行速度快、机动性高、隐蔽性好，生存力强等特点，武装直升机在近年来的一些局部战争中发挥了重要的作用，其中之一是为地面部队提供强大的火力支援。在未来战争中，直升机之间的空战似乎是一个必不可免的趋势，因此武装直升机在未来高技术战争中的作用不容小觑。

AH-64"阿帕奇"武装直升机

无人作战飞机

无人作战机是现代新崛起的机种，主要包括无人攻击机与无人战斗机。无人作战飞机从过去主要执行空中侦察、战场监视和战斗毁伤评估等任务，现在逐渐升级成为能执行压制敌防空系统、对地攻击，和对空作战任务的主要作战飞机之一。无人作战机通常有两种作战形式：一是以自身作为战斗部杀伤敌目标的自杀型无人攻击机；二是携带武器并可反复使用的无人作战机。

"神经元"无人作战机

Chapter 02
战斗机

　　以前的战斗机根据执行任务的性质不同可分为歼击机和截击机，其主要任务是在空中消灭敌机和其他飞航式空袭兵器，可携带一定数量的对地攻击武器，执行对地攻击任务。现代的战斗机为了获得优异的空中格斗能力，在性能、外形、动力装置、机载设备、武器配备和火控系统等方面都进行了新的改进。

美国 F-4 "鬼怪Ⅱ" 战斗机

F-4 是美国原麦克唐纳公司研制的一款双发舰队重型防空战斗机，绰号"鬼怪Ⅱ"（Phantom Ⅱ）。

研发历史

F-4 战斗机于 1956 年开始设计，1958 年 5 月第一架原型机试飞，生产型则于 1961 年 10 月开始正式交付美国海军使用。F-4 战斗机在 1959 年至 1962 年之间创造了 15 项世界飞行纪录，包括绝对速度纪录和绝对飞行高度纪录。20 世纪 70 年代和 80 年代 F-4 "鬼怪Ⅱ"战斗机成为美国空中力量的主力。F-4 战斗机的生产一直持续到 1981 年，总产量在现代西方战斗机中仅次于 F-86 "佩刀"。由于其卓越的性能和在美国及其盟国的广泛装备，F-4 战斗机堪称冷战时期空中攻击战斗机的标志之一。

基本参数	
长度	19.2 米
高度	5.02 米
翼展	11.77 米
乘员	1 人
空重	13760 千克
最大起飞重量	28030 千克
最大速度	2414 千米／时
最大航程	2600 千米
最大升限	16580 米

Chapter 02　战 斗 机

F-4"鬼怪Ⅱ"战斗机进行编队飞行

机体构造

F-4战斗机的机身分为前、中、后三段。机身前段主要包括座舱、前起落架舱和电子设备舱，中段有发动机舱和油箱舱。由于当时制造技术的限制，还没有在机体上采用较多比例的复合材料，F-4战斗机的重量居高不下，对飞行性能的负面影响很大。F-4战斗机采用可收放前三点式起落架，前起落架为双轮，没有内胎，向后收入机身。主起落架为单轮，向内收入机翼。舰载型弹射起飞时，

F-4"鬼怪Ⅱ"战斗机三视图

11

前起落架伸长,并有着陆钩。

机载武器

F-4 战斗机不仅空战性能优异,对地攻击能力也很强。F-4 战斗机安装有 1 门 20 毫米 M61A1"火神"机炮,9 个外挂点的最大载弹量达到了 8480 千克,可搭载普通航空炸弹、集束炸弹、电视和激光制导炸弹、火箭弹等。F-4 战斗机的缺点是大迎角机动性能欠佳,高空和超低空性能略差,起降时对跑道要求较高。

F-4 战斗机正在投放炸弹

电子设备

F-4 战斗机使用的 AN/APQ-72 机载截击雷达属 Aero-1A 火力控制系统的一部分。其主要特点为圆锥扫描、脉冲加连续波。圆锥扫描方式的缺点是测角精度较差、抗干扰能力不好,因此使用脉冲方式完成对目标的跟踪。除

Chapter 02　战斗机

了雷达外，Aero-1A 系统还包括 AN/APA-157 导弹制导雷达、AN/AAA-4 红外搜索与跟踪设备 Aero-1A 导弹发射装置和大气数据计算机。红外装置安装在机头下方，作用距离为 30 千米。雷达天线为抛物面型液压驱动。该雷达具有较好的抗干扰能力。但由于大部分采用电子管电路故体积、重量和维护性能较差。AN/APQ-120 雷达是西屋电气（Westing house）为 F-4 各型飞机研制的雷达序列中的最后一个型号，采用脉冲连续波体制。

F-4 战斗机在高空飞行

服役记录

在越南战争期间，F-4 战斗机除了作为美国空军和海军的主要制空战斗机以外，在对地攻击、战术侦察与压制敌方防空系统等方面也发挥了很大作用。

美国海军陆战队第一个装备 F-4 战斗机的是位于加利福尼亚州艾尔·托罗海军陆战队航空站的 VMFA-314 "黑骑士"中队，他们于 1962 年 6 月接收了 F-4B 战斗机。除了 F-4 的攻击型衍生型号外，海军陆战队还装备了一批 RF-4B 战术侦察机。

F-4 战斗机在降落时释放减速伞

F-4 战斗机还出口到多个国家，包括澳大利亚、埃及、德国、英国、希腊、伊朗、以色列、日本、西班牙、韩国和土耳其。

10 秒速识

F-4 战斗机的机身为全金属半硬壳式结构，靠近发动机的部位大量采用钛合金。悬臂全动式整体平尾，下反角 23 度。平尾前缘增加了缝翼。

F-4 战斗机侧方特写

美国 F-14"雄猫"战斗机

F-14是美国格鲁曼公司研制的舰载战斗机,绰号"雄猫"(Tomcat)。

研发历史

1967年7月,美国海军向各大飞机制造公司招标,研发新型舰载战斗机。1968年2月,格鲁曼公司的设计方案中标,并获得制造6架原型机/预生产型的合同,新机军用编号是F-14。1970年12月21日,原型机首次试飞。1974年9月,F-14战斗机正式服役,主要用于替换性能逐渐落伍的F-4"鬼怪Ⅱ"战斗机。1987年,装备改进型发动机的F-14B正式投产。1988年,

基本参数	
长度	19.1米
高度	4.88米
翼展	19.54米
乘员	2人
空重	19838千克
最大起飞重量	33720千克
最大速度	2485千米/时
最大航程	2960千米
最大升限	15240米

该型机在雷达、航空电子设备和导弹挂载能力等方面经过了进一步改进升级,并定名为F-14D。

F-14"雄猫"战斗机前侧方特写

机体构造

F-14战斗机拥有较高的强度重量比,机体结构中有25%的钛合金、15%的钢、36%的铝合金,还有4%的非金属材料和20%的复合材料。座舱前后纵列布置,飞行员在前,雷达官在后,机背以小角度向后延伸,然后再和主机身平行融合。机身两侧进气,采用当时流行的斜切矩形进气口,以提高大迎角性能。前

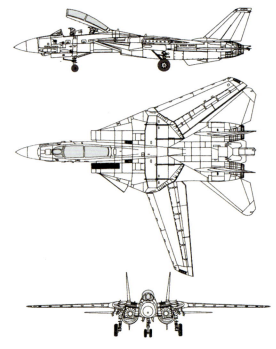

F-14"雄猫"战斗机三视图

机身由机头和座舱组成,停机时机头罩可向上折起。机身中部是简单的盒形结构,可以贮油。机身后部从前至后变薄,尾部装外伸的排油管。

机载武器

早期F-14战斗机只能挂载各种空对空导弹,经过改良之后可以携带炸弹、火箭和电子干扰系统等。F-14战斗机选择在固定的翼套上设置左右各一处挂载点。F-14战斗机的固定武器为1门20毫米M61机炮,10个外挂点可搭载AIM-54"不死鸟"、AIM-7"麻雀"和AIM-9"响尾蛇"等空对空导弹以及联合直接攻击弹药、Mk 80系列常规炸弹、Mk 20"石眼"集束炸弹、"铺路"系列激光制导炸弹等武器。

F-14"雄猫"战斗机发射AIM-54"不死鸟"导弹

电子设备

F-14战斗机装备了AN/AWG-9远程火控雷达系统,可在140千米的距离上锁定敌机。该机还装备了当时独有的资料链,可将雷达探测到的资料与其他F-14战斗机分享,其雷达画面能显示其他F-14战斗机探测到的目标。与同时代的战斗机相比，F-14战斗机的综合飞行控制系统、电子反制系统和雷达系统等都非常优秀。

F-14"雄猫"战斗机进行编队飞行

服役记录

1981年8月，由"佛瑞斯塔"号（USS Forrestal）与"尼米兹"号（USS Nimitz）航空母舰组成的战斗群进入东地中海。其任务是针对利比亚政府宣称雪特拉湾（Gulf of Sidra）为其领海一事加以抗议。抗议的手段则是将战舰驶入雪特拉湾，19日，两架苏-22战机升空对抗两架F-14A战斗机。结果F-14A使用AIM-9L"响尾蛇"导弹击落了这两架苏-22战机。这是世界上第一次可变翼机对可变翼机的空战。

装备伊朗的F-14"雄猫"战斗机

Chapter 02 战斗机

10 秒速识

F-14 战斗机采用双发双垂尾中单翼布局，机头略微向下倾，机身为全金属半硬壳式结构，采用机械加工框架，钛合金主梁及轻合金应力蒙皮。

迷彩涂装的 F-14 "雄猫" 战斗机

 美国 F-15 "鹰" 式战斗机

F-15 是美国麦克唐纳·道格拉斯公司研发的一款全天候战斗机，绰号"鹰"（Eagle）。

19

研发历史

F-15 战斗机由 1962 年展开的 F-X（Fighter-Experimental）计划发展而来。在战斗机分代上，按照原先的欧美标准被归类为第三代战斗机，现在已和俄罗斯标准统一为第四代战机。该机的设计思想是替换在越南战场上问题层出的 F-4 战斗机，要求对 1975 年之后出现的任何敌方战斗机保持绝对的空中优势，设计时要求其"没有一磅重量用于对地"。该机主要有 A 型、B 型、C 型、D 型四种型号，其中 A 型和 C 型为单座型，B 型和 D 型为双座型。美国空军是 F-15 战斗机最早也最大的使用者，其计划将 F-15 服役至 2025 年。

基本参数	
长度	19.43 米
高度	5.68 米
翼展	13.03 米
乘员	1～2 人
空重	12973 千克
最大起飞重量	30800 千克
最大速度	3000 千米／时
最大航程	5741 千米
最大升限	19800 米

F-15 战斗机在高空飞行

机体构造

F-15 战斗机是世界上发展较早且成熟的第四代战斗机，第四代战斗机的主要设计特点在它身上开始集中显现。F-15 战斗机机身由前、中、后三段组成。前段机身包括机头雷达罩、座舱和电子设备舱，主要结构材料为铝合金。中段机身与机翼相连，部分采用钛合金件承受大载荷。后段机身为钛合金结构发动机舱。锯齿形前缘的平尾为全动式，面积大，可满足高速飞行和机动

Chapter 02　战斗机

需要。机翼负荷较低,并具备较高的推重比,武器和飞行控制系统采用了先进的自动化设计。

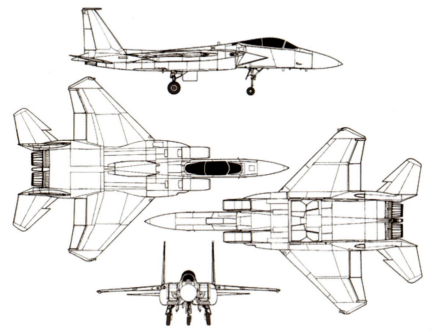

F-15战斗机三视图

机载武器

F-15战斗机是一款极为优秀的多用途战斗机,拥有极其出色的空战性能。F-15能搭载多种空对空武器,自动化的武器系统与手置节流阀与操纵杆(Hands On Throttle And Stick,HOTAS)的性能,让飞行员只需使用节流阀杆和操纵杆上的按钮,就可以有效地进行空战。F-15战斗机安装有1门20毫米M61A1机炮,另有11个外挂点(机翼6个、机身5个),总挂载量达7300千克,可使用AIM-7、AIM-9和AIM-120等空对空导弹以及包括Mk 80系列无导引炸弹在内的多种对地武器。

F-15 战斗机发射 AIM-7 导弹

电子设备

　　F-15 战斗机使用的多功能脉冲多普勒雷达具备较好的下视搜索能力，利用多普勒效应可避免目标的信号被地面杂波所掩盖，能追踪树梢高度的小型高速目标。目标反射的雷达信号会传到中央电脑，在近距缠斗时，雷达可以自动捕获目标，并将目标资讯投射到抬头显示器上。电战系统提供威胁来源的警告，并且自动进行反制。

F-15 战斗机进行编队飞行

Chapter 02　战斗机

服役记录

　　F-15战斗机的生产数量较高，改进型号也比较多，并且拥有极为丰富的实战经验，它在战场上创造了击落上百架敌机，却没有一架在被击落的纪录。F-15主要的击坠纪录都是由以色列空军在1982年的黎巴嫩战争中创造的，许多叙利亚的俄制米格-21（报告中的数量从80到92架不等）与米格-23和少量的米格-25被击落，其中一部分就是F-15战斗机的战绩。

　　在海湾战争中，美国空军创造了大部分的击坠纪录，大多都是用导弹，而被击落的敌机大部分都是被追击，而不是直接向美军发动正面攻击。在这场战争中，F-15被用于对地攻击。

以色列装备的F-15战斗机在空中加油

10秒速识

　　F-15战斗机的机身为全金属半硬壳式结构，机翼前梁为铝合金，后三梁也为钛合金。

F-15 战斗机前方特写

美国 F-16 "战隼" 战斗机

F-16 是美国通用动力公司研制的一款喷气式战斗机,绰号"战隼"(Fighting Falcon)。

研发历史

F-16战斗机原本是通用动力公司研制的低成本、单座轻型战斗机，第一种生产型于1979年1月进入现役。后几经改进，前后有F-16A、F-16B、F-16C、F-16D、F-16E、F-16F、F-16V、F-16I和F-16ADF等十余种型号。目前，F-16战斗机的总产量超过4500架。除美国外，以色列、埃及、土耳其、韩国、希腊、荷兰、丹麦和挪威等多个国家也有订购。冷战后，美国空军对军机的需求量下降，通用动力公司于1992年12月宣布将F-16战斗机的生产线卖给了洛克希德·马丁公司。F-16战斗机是世界上产量最高的第四代战斗机，也是最成功的轻型战斗机之一。

基本参数	
长度	15.02米
高度	5.09米
翼展	9.45米
乘员	1~2人
空重	8272千克
最大起飞重量	19187千克
最大速度	2173千米／时
最大航程	3890千米
最大升限	15240米

F-16"战隼"战斗机侧方特写

机体构造

F-16是一架单引擎、多重任务战术飞机，是美国首先采用线传飞控、人体工程学座舱的战斗机之一。F-16战斗机选用了边条翼、空战襟翼、翼身融合体、放宽静稳定度、电传操纵和高过载座舱等新技术来提高飞机的空战性能。与常规布局相比，机翼向前移动了40.6厘米，从而使气动力中心前移，气动中心可以很容易靠近重心，也可以重合，甚至在重心前面。

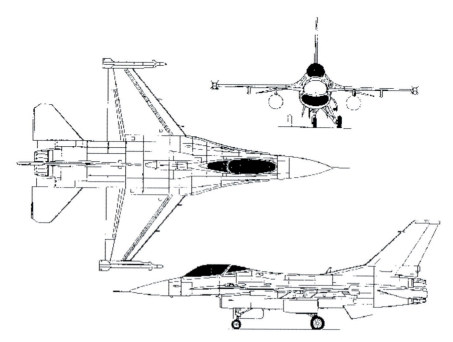

F-16"战隼"战斗机三视图

机载武器

F-16战斗机安装有1门20毫米M61"火神"机炮，备弹511发。该机可以携带的导弹包括AIM-7、AIM-9、AIM-120、AGM-65、AGM-88、AGM-84、AGM-119等，另外还可挂载AGM-154联合防区外武器、CBU-87/89/97集束炸弹、GBU-39小直径炸弹、Mk 80系列无导引炸弹、"铺路"系列制导炸弹、联合直接攻击炸弹、B61核弹等。

Chapter 02　战斗机

F-16 "战隼"战斗机正在发射导弹

电子设备

　　F-16 战斗机安装有 AN/APG-66 脉冲多普勒火控雷达。进行空战时有四种工作状态，即仰视搜索和跟踪、俯视搜索和跟踪、格斗自动截获目标、自动工作。对于雷达反射面积为 5 米的目标，APG-66 雷达的发现距离，仰视为 60～90 千米，俯视为 46～65 千米。在空对地工作状态，APG-66 雷达有 7 种工作模式：空对地测距、真实波束地图测绘、扩展的真实波束地图测绘、多普勒波速锐化、信标、图像冻结、对海搜索。

F-16 "战隼"战斗机进行编队飞行

而改进型的F-16C采用AN/APG-68火控雷达,是由AN/APG-66发展而成的。主要是对三个部件进行了改进,即可编程信号处理机、发射机和低脉冲重复频率组件。这种雷达具有随要求和武器变化而重编程序、高分辨力地图测绘、超视距目标识别等能力。

服役记录

在海湾战争中,美国空军在实战中首次使用了F-16战斗机。该型机是海湾战争中部署量最多的一种飞机(共计251架),共出动了13480架次,平均每架飞机出动537次,在美军飞机中出动率最高。在战争中,F-16战斗机执行了战略进攻、争夺制空权、压制防空兵器、空中遮断等任务。

F-16"战隼"战斗机后方特写

10秒速识

F-16战斗机的机身采用半硬壳式结构,外形短粗,机身与机翼圆滑地结合在一起,尾部有全动式平尾。垂尾较高,安定面大,后缘是全翼展的方向舵。腹部有两块面积较大的安定翼面。座舱盖为气泡形。

Chapter 02 战斗机

F-16"战隼"战斗机在空中进行加油

 美国 F/A-18"大黄蜂"战斗 / 攻击机

F/A-18 是诺斯洛普和麦克唐纳·道格拉斯公司研发的一款战斗 / 攻击机，绰号"大黄蜂"（Hornet）。

研发历史

F/A-18 战斗/攻击机的电子设备最早可以追溯到美国空军发展的轻型战机（LWF）计划，当时通用公司与诺斯洛普公司（现诺斯洛普·格鲁曼公司）获得最后决选权，分别设计出 YF-16 与 YF-17 两种原型机，其中 YF-16 被美国空军选中。而 YF-17 虽然在这次计划中落选，却在数年后赢得美国海军的空战战机（ACF）计划。

基本参数	
长度	17.1 米
高度	4.7 米
翼展	11.43 米
乘员	1～2 人
空重	11200 千克
最大起飞重量	23400 千克
最大速度	1814 千米／时
最大航程	3330 千米
最大升限	15000 米

当时，诺斯洛普、波音与制造海军飞机经验丰富的麦克唐纳·道格拉斯公司合作，以 YF-17 原型机为蓝本开发出海军版的原型机，并打败由 F-16 衍生出的舰载机版本。最初计划制造战斗机版 F-18 与攻击机版 A-18 两种型号，但最终采纳美国海军的意见将其合二为一变成 F/A-18 战斗/攻击机。

在航空母舰上准备起飞的 F/A-18 战斗/攻击机

机体构造

F/A-18 是一款双发动机双垂直尾翼构造，中等翼展与后掠角度，多用途的超音速战术战机。机翼为悬臂式中单翼，后掠角不大，前缘安装有全翼展机动襟翼，后缘内侧有液压动作的襟翼和副翼。尾翼也采用悬臂式结构，平尾和垂尾均有后掠角，平尾低于机翼。起落架为前三点式，前起落架上有供弹射起飞用的牵引杆。座舱采用气密、空调座舱，内装有弹射座椅。

F/A-18 战斗/攻击机三视图

机载武器

F/A-18 战斗/攻击机的主要特点是可靠性和维护性好，生存能力强，大仰角飞行性能好以及武器投射精度高。F/A-18 的固定武器为 1 门 20 毫米 M61A1 机炮，F/A-18A/B/C/D 有 9 个外挂点，其中翼端 2 个、翼下 4 个、机腹 3 个，外挂载荷最高可达 6215 千克。F/A-18E/F 的外挂点有所增加，不但能携带更多的武器，而且可外挂 5 个副油箱，并具备空中加油能力。

F/A-18 战斗/攻击机挂载的武器

电子设备

F/A-18 战斗机的机载设备有休斯公司的 AN/APG-65 多功能数字式空对空和空对地跟踪雷达,在空对空工作状态时可跟踪 10 个目标、向飞行员显示 8 个目标。另有 ALR-67 雷达警戒接收机、四余度飞行控制系统和两台 AYK-14 数字式计算机以及利顿公司的惯性导航系统,两台凯撒公司的多功能显示器和费伦迪本迪克斯公司的中心式屏幕显示与平视显示器等。

在高空飞行的 F/A-18 战斗/攻击机

服役记录

在 1991 年的海湾战争中,共有 190 架 F/A-18 战斗/攻击机参战,其中美国海军有 106 架,美国海军陆战队有 84 架。在行动中,有 1 架损失于战斗中,2 架损失于非战斗事故。另外有 3 架受到地对空导弹攻击,但是返回基地经过维修后又恢复了作战能力。

F/A-18 战斗/攻击机上方视角

10 秒速识

F/A-18 采用双发动机和双垂直尾翼的外形结构,机身采用半硬壳结构,主要采用轻合金材料,增压座舱采用破损安全结构,后机身下部装有着舰用的拦阻钩。

F/A-18 战斗/攻击机侧方特写

美国 F-22 "猛禽"战斗机

F-22 是世界上最先服役的第五代战斗机,绰号"猛禽"(Raptor)。

研发历史

F-22 战斗机的研发最早可以追溯到 1971 年,当时美国战术空军指挥部制订了先进战术战斗机(Advanced Tactical Fighter,ATF)计划。由于经费的原因,这个计划一直被推迟到 1982 年 10 月才最终定案,同时提出技术要求。1986 年,以洛克希德公司(尚未与马丁公司合并)和波音公司为主的研制小组提出 YF-22 方案,并中标。1997 年,洛克希德·马丁公司首次公开 F-22 战斗机,并正式将其命名为"猛

基本参数	
长度	18.92 米
高度	5.08 米
翼展	13.56 米
乘员	1 人
空重	19700 千克
最大起飞重量	38000 千克
最大速度	2410 千米／时
最大航程	4830 千米
最大升限	19812 米

禽"。2005年12月，F-22战斗机正式服役。按照2009年的市值，F-22战斗机的单机造价高达1.5亿美元，堪称世界上最昂贵的现役战斗机。因相关法规的限制，F-22战斗机无法出口，美国空军暂时是唯一使用者。

F-22战斗机进行编队飞行

机体构造

　　F-22战斗机在机体上广泛使用了热加工塑胶（12%）和人造纤维（10%）的聚合复合材料（KM）。在量产机上使用复合材料（KM）的比例（按重量）高达35%。其两侧进气口装在翼前缘延伸面（边条翼）下方，与喷嘴一样，都作了抑制红外辐射的隐形设计，主翼和水平安定面采用相同的后掠角和后缘前掠角，都是小展弦比的梯形平面形，水泡型座舱盖凸出于前机身上部，全部武器都隐蔽地挂在4个内部弹舱之中。

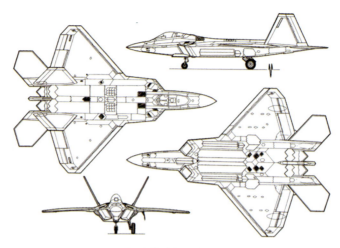

F-22战斗机三视图

机载武器

F-22战斗机在设计上具备超音速巡航（不需使用加力燃烧室）、超视距作战、高机动性、对雷达与红外线隐形等特性。该机安装有1门20毫米M61"火神"机炮，备弹480发。在空对空构型时，通常携带6枚AIM-120先进中程空对空导弹和2枚AIM-9"响尾蛇"空对空导弹。在空对地构型时，则携带2枚联合直接攻击弹药或8枚GBU-39小直径炸弹、2枚AIM-120先进中程空对空导弹和2枚AIM-9"响尾蛇"空对空导弹。

F-22战斗机进行空中加油

电子设备

F-22 战斗机的机载雷达为带电子扫描的主动相位阵列雷达,它包含了近 2000 个模组,其中使用了超高频率范围的单一积分系统技术。为了提高隐蔽性,设计有雷达站被动工作状态,在配合 ALQ-94 的条件下可以不启动主动雷达获得在 400 千米外预警敌机的效果,它保证雷达以主动状态工作时信号更不容易被截获。飞行员座舱内的自动仪表设备包括 4 台液晶显示器和广角仪,它通过集中式数据处理系统与其他感测器和航空电子设备一起工作。处理器控制天线发射和接收波束的图形以及处理接收的雷达数据。

进行大角度转向中的 F-22 与翼面上产生的低压蒸汽云

服役记录

2007 年 11 月 22 日,F-22 战斗机第一次亮相,这架 F-22 隶属阿拉斯加第 90 战机中队,拦截两架俄罗斯图 -95MS 轰炸机,这是 F-22 战机第一次奉北美空防司令部之命执行拦截任务。

高空飞行的 F-22 战斗机

10 秒速识

F-22 战斗机采用双垂尾双发单座布局，垂尾向外倾斜 27 度。主翼和水平安定面采用相同的后掠角和后缘前掠角，水泡形座舱盖凸出于前机身上部。

F-22 战斗机侧方特写

美国 F-35 "闪电 II" 战斗机

F-35 是 F-22 的低阶辅助机种，属于具有隐身设计的第五代战斗机，绰号 "闪电 II"（Lightning II）。

研发历史

F-35 战斗机源于美军的 "联合打击战斗机"（Joint Strike Fighter，简称 JSF）计划，主要用于前线支援、目标轰炸、防空截击等多种任务，并因此发展出三种主要的衍生版本，包括采用传统跑道起降的 F-35A 型、短距离/垂直起降的 F-35B 型，以及作为舰载机的 F-35C 型。2015 年 7 月，F-35B 型开始进入美国海军陆战队服役。2016 年 8 月，F-35A 型也开始进入美国空军服役。至于 F-35C 型，则计划在 2018 年进入美国海军服役。

基本参数	
长度	15.7 米
高度	4.33 米
翼展	10.7 米
乘员	1 人
空重	13300 千克
最大起飞重量	31800 千克
最大速度	1931 千米／时
最大航程	2220 千米
最大升限	18288 米

F-35"闪电Ⅱ"战斗机前方特写

机体构造

F-35战斗机采用古德里奇公司为其量身定制的起落架系统,配备固特异公司制造的"智能"轮胎,轮胎中内置传感器和发射装置,可以监测胎压胎温。F-35战斗机使用的发动机是普惠公司研制的F119-PW-100发动机,F119-PW-100发动机是人类历史上第一型推重比超过10的航空动力系统。F-35战斗机通过升力风扇和发动机推力分离器实现俯仰控制。

F-35"闪电Ⅱ"战斗机示意图

机载武器

　　F-35 战斗机安装有 1 门 25 毫米 GAU-12/A "平衡者"机炮,备弹 180 发。除机炮外,F-35 战斗机还可以挂载 AIM-9X、AIM-120、AGM-88、AGM-154、AGM-158、海军打击导弹、远程反舰导弹等多种导弹武器,并可使用联合直接攻击炸弹、风修正弹药撒布器、"铺路"系列制导炸弹、GBU-39 小直径炸弹、Mk 80 系列无导引炸弹、CBU-100 集束炸弹、B61 核弹等,火力十分强劲。

F-35 "闪电Ⅱ"战斗机底部特写

电子设备

　　F-35 战斗机采用 AN/APG-81 有源相控阵雷达、光电分布式孔径系统(EODAS)、综合电子战系统及光电瞄准系统(EOTS)。光电分布式孔径系统(EODAS)由分布在 F-35 机身的 6 套光电探测装置组成,可实现 360 度的环视视场,图像投射到头盔面罩上,使飞行员能通过自己的眼睛,

"穿透"各种障碍看到广域外景图像。光电瞄准系统（EOTS）则是一个高性能的、轻型多功能系统，包括一个第3代凝视型前视红外（FLIR）系统，可以在防区外距离上，对目标进行精确探测和识别。此外，光电瞄准系统（EOTS）还具有高分辨率成像、自动跟踪、红外搜索和跟踪、激光指示、测距和激光点跟踪功能。

AN/AGP-81型主动电子扫描阵列雷达是所有型号的F-35通用的。这种具有隔行扫描边搜索边跟踪功能的雷达，使得F-35的飞行员可以在探测、确定以及对固定和移动的地面目标进行武器制导的同时，还能对付敌人的战斗机或者是低空飞行的直升机。AN/AGP-81型雷达的探测距离接近现有雷达探测距离的三倍，并能够向飞行员提供超高分辨率的合成孔径雷达图像。

F-35"闪电Ⅱ"战斗机进行编队飞行

服役记录

美国空军于2016年年底拿到并部署重31吨的F-35A战斗机，它是成本最便宜的机型，单价约为1.54亿美元。在2019年年底，美国海军将部署F-35C战斗机，这种机型单价约为2亿美元（与F-35B差不多）。F-35

Chapter 02　战　斗　机

战斗机将是美国及其盟国在 21 世纪的空战主力,具备较高的隐身性能、先进的电子系统以及一定的超音速巡航能力。

F-35"闪电Ⅱ"战斗机后侧方特写

10 秒速识

F-35 战斗机的外形很像 F-22 战斗机的单发缩小版,机体表面采用连续曲面设计。其隐身设计借鉴了 F-22 战斗机的很多技术与经验。

高空飞行的 F-35"闪电Ⅱ"战斗机

俄罗斯米格-29"支点"战斗机

米格-29是米高扬设计的双发高性能制空战斗机,北约代号为"支点"(Fulcrum)。

研发历史

1969年,苏联开始制订"未来前线战斗机"计划(PFI)。1971年,这个计划被一分为二,即"重型先进战术战斗机"(TPFI)、"轻型先进战术战斗机"(LPFI)。前者由苏霍伊设计局负责,后者则交由米高扬设计局,最终促成了苏-27战斗机和米格-29战斗机的问世。米格-29战斗机的设计目标是赶超美国当时的第四代战斗机研制计划,它从设计思想上摆脱了苏联原有战斗机设计理论的束缚,具备优良的气动布局。米格-29原型机于1977年10月6日首次试飞,1982年投入批量生产,同年开始装备部队。

基本参数	
长度	17.32米
高度	4.73米
翼展	11.36米
乘员	1人
空重	11000千克
最大起飞重量	20000千克
最大速度	2400千米/时
最大航程	1500千米
最大升限	17000米

Chapter 02 战斗机

米格-29战斗机侧面特写

机体构造

米格-29机身结构主要为铝合金组成,部分机身加强隔框使用了钛材料,以适应特定的强度和温度要求,另外少量采用了铝锂合金部件。主翼有三条截面为圆形的翼梁,覆以铝锂合金的蒙皮。铝锂部件广泛采用电子束焊或氩弧焊。机身内的第1号主油箱容积为2550

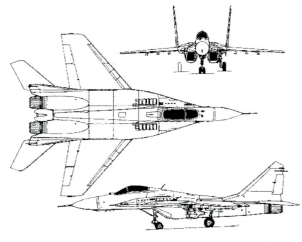

米格-29战斗机三视图

升,安装在第一条翼梁前面。两块减速板分别安装在两台发动机之间的机身上部和底部。米格-29的机身整体油箱采用氩弧焊、电子束焊制造。其采用的复合材料约占整机的4%,少于西方第三代战斗机的比例,主要分部在平尾、副翼、襟翼和方向舵面上。

45

机载武器

米格-29的固定武器为一门GSh-30-1机炮，射口在左侧翼根。原始设计携弹量为150枚，但在后续型号被减到100枚。在每个机翼下，依据不同的型号有三个或四个挂点，两边一共有六个或八个挂点。内侧挂点能携带1150升的副油箱或R-27中程空对空导弹，也可携带传统炸弹或火箭，而某些型号的米格-29能在内侧挂点携带核弹。外侧挂点通常携带R-73缠斗导弹，但某些情况下也会配备较老旧的R-60短程空对空导弹。在两侧引擎中间的机腹中线挂点能携带一个1500升的油箱，但是无法携带战斗用武器。

米格-29战斗机发射导弹

电子设备

米格-29首创性地采用了以雷达、光电和头盔瞄准具三者组成的综合火控系统。早期雷达为NO-193"黑缝"脉冲多普勒雷达，性能近似于美国APG-65雷达。该雷达采用倒置式卡塞格伦天线，这种天线能够满足脉冲多普勒雷达的需求，NO-193"黑缝"脉冲多普勒雷达搜索距离为80千米，跟踪距离前半球56千米，后半球24千米。对轰炸机等大目标的作用距离要稍远。具有下视/下射能力，上仰角度45度，下视角度15度，天线直径93cm。NO-193雷达具有多种可选择的工作模式，能够与机载Shchel-3UM头盔瞄准具、OEPS29光电系统共同跟踪锁定目标。机上还装有 SRIU-2 敌我识别器和"警笛"3 型 360 度雷达告警系统,边条处装有两个 SO-69 电子对抗天线。OEPS29 光电系统重 8 千克,装在风挡前方,偏向飞行员右侧。

米格-29 的头盔瞄准具是整个火控系统中最有特色的部分。配合 R-73 近距格斗空空导弹,能在近距格斗中占据有利地位。

米格-29 战斗机前方特写

服役记录

1979 年 12 月末,苏联武装入侵阿富汗。1987 年 8 月,隶属于苏联空军的米格-29 击落了四架苏-22 攻击机。2008 年 8 月俄罗斯空军的米格-29 和苏-27 击落了一架格鲁吉亚的苏-25。

米格-29 战斗机进行编队飞行

美国曾经购入摩尔多瓦空军的 21 架米格-29 战斗机,其中 14 架拥有主动雷达干扰设备并具备核弹投掷功能。这些米格-29 战斗机全部分派给设在俄亥俄州的国家航空情报中心。

10秒速识

米格–29的外形和苏–27相似。米格–29的主机身和机翼内段之间呈圆滑过渡，机翼内段前端形成边条，后掠角73.5度。外段机翼上有液压控制的副翼。垂尾是碳纤维复合材料和蜂窝结构，平尾和操纵面选用的是金属蜂窝构件。

米格-29战斗机机翼特写

俄罗斯米格–31"捕狐犬"战斗机

米格–31是由米格–25发展而来的串行双座全天候截击战斗机，北约代号为"捕狐犬"（Foxhound）。

Chapter 02 战斗机

研发历史

虽然米格-25战斗机的高空高速表现与高爬升率已经引起西方国家莫大关切，但米格-25在许多方面却仍旧为苏联军方所诟病。这些缺点包括高速拦截时在高超音速飞行的机动性不足。20世纪70年代，苏联空军决定在米格-25战斗机的基础上，加装大功率相控阵雷达，并改善飞行性能，米格-31战斗机由此而生。该机于1975年9月16日首飞，1981年开始服役。米格-31战斗机是目前世界上飞行速度最快的战斗机之一，因机身尺寸较大，直到21世纪都还能接受各种升级改装，经常被认为是空中预警机和战斗机的结合体，至今仍是俄罗斯空军主力战机之一。

基本参数	
长度	22.69 米
高度	6.15 米
翼展	13.46 米
乘员	2 人
空重	21820 千克
最大起飞重量	46200 千克
最大速度	3255 千米/时
最大航程	3300 千米
最大升限	20600 米

米格-31战斗机后侧方特写

机体构造

米格-31战斗机是俄制武器"大就是好"的典型代表，其机身巨大、推力引擎耗油高、相控阵雷达功率极强，至今仍能接受各种升级改装。该机采用二元进气道两侧进气、悬臂式后掠上单翼、双垂尾正常式布局。机身为全金属，其中合金钢50%，钛合金16%，轻质合金33%，其余为复合材料。米格-31战斗机换装了推力更大的引擎并加强机体结构，以适应低空超音速飞行。此外,增加了外挂点,攻击火力大幅加强。

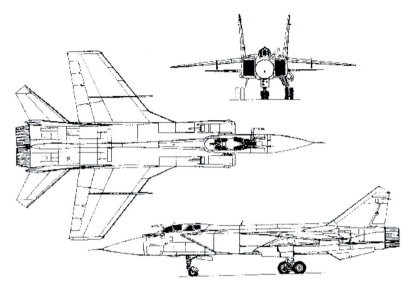

米格-31战斗机三视图

机载武器

米格-31战斗机前机身右侧下部整流罩内装1门23毫米GSH-23-6六管机炮,备弹230发。该机有8个外部挂架,机身下4个,可挂4枚R-33远距半主动雷达制导空对空导弹,机翼下两个外侧挂架,可以挂2枚R-40T中距红外导弹,四枚R-60红外空对空导弹成对挂在机翼下两个外侧挂架上。

米格-31战斗机底部特写

电子设备

　　米格–31 战斗机装备了 NIIPN007S–800 电子扫描相控阵火控雷达，搜索距离达 200 千米，可同时跟踪 10 个目标并对其中的 4 个目标进行攻击，完全可以在缺乏空中预警的情况下独立完成作战任务，并可以充当空中指挥机使用。其数据链能将雷达等设备获得的敌机信息，通过数据链传送给其他关闭了雷达、保持无线电静默的战斗机。多架米格–31 之间还可以互通信息，因此巡逻时几架米格–31 的探测范围就可以覆盖宽阔的正面空间。

米格-31 战斗机在高空飞行

服役记录

　　2006 年，随着俄罗斯经济的好转，俄军已经可以维持约 75% 的米格–31，使其保持可使用状态。总计 500 架米格–31 被生产出来，大约 370 架还在俄罗斯服役，另有 30 架在哈萨克斯坦。

米格-31 战斗机在跑道上

> **10秒速识**

与米格–25相比,米格–31的机头更粗(加装大型雷达)、翼展更大,增加了锯齿前缘,进气口侧面带附面层隔板。

米格-31战斗机侧方特写

俄罗斯米格–35"支点F"战斗机

Chapter 02　战斗机

米格-35战斗机是米高扬设计局研制的一款多用途喷气式战斗机，北约代号为"支点F"（Fulcrum-F）。

研发历史

米格-35战斗机的研制计划于1996年首度公开，原型机于2007年首次试飞。在2012年印度的军机采购案中，米格-35战斗机一度入选，但2011年印度宣布将采购欧洲战机，导致米格-35战斗机的批量生产计划一度被取消。2013年5月，俄罗斯宣布采购最少24架米格-35战斗机，

基本参数	
长度	17.3米
高度	4.7米
翼展	12米
乘员	1～2人
空重	11000千克
最大起飞重量	29700千克
最大速度	2600千米/时
最大航程	2000千米
最大升限	17500米

计划于2018年投入现役。2014年4月，有报道称埃及空军计划拨款30亿美元采购24架米格-35战斗机。

米格-35战斗机侧方特写

机体构造

米格-35战斗机取消了进气道上方的百叶窗式辅助进气门，并在进气口安装了可收放隔栅，防止吸入异物。进气道下口位置可以调节，能增大起飞时的空气量。机身后部位置延长以保持其静稳态性。该机的动力装置为两台克里莫夫RD-33涡扇发动机，单台净推力为53千牛。

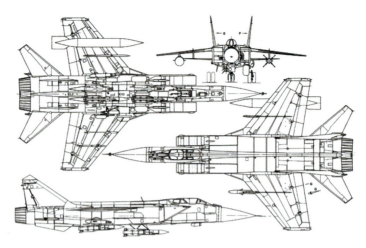

米格-35战斗机三视图

机载武器

米格-35战斗机共有9个外挂点,其中两侧机翼下共8个,机身中央1个,载弹量为7000千克。可选挂R-60、R-27、R-73、R-77系列空对空导弹,AS-14、AS-17系列空地导弹,KAB-500L、KAB-500T精确制导炸弹。此外安装有1门30毫米Gsh-30-1机炮,备弹150发。

米格-35战斗机挂载的武器

电子设备

米格-35 的雷达采用著名的"甲虫"（Zhuk）系列雷达中的 Zhuk-AE 有源电扫描雷达。E 代表"出口"的意思，也就表明 Zhuk-AE 实际是 Zhuk-A 出口型雷达，此雷达是俄罗斯第一部公开的有源相控阵雷达。米格-35 战机在火控系统中还整合了经过改进的光学定位系统，可在关闭机载雷达的情况下对空中目标实施远距离探测。米格-35 战斗机不仅配备了智能化座舱，还装有液晶多功能显示屏。

米格-35 战斗机前侧方特写

服役记录

2013 年 5 月俄罗斯拨款 11 亿美元订购了 37 架米格-35，在 2016 年后增购了多达 100 架米格-35。2014 年 4 月有报道称埃及空军计划拨款 30 亿美元采购 24 架米格-35。

米格-35 战斗机进行飞行表演

目前，俄罗斯正在为米格–35寻找海外市场，印度和阿尔及利亚为其最大的潜在客户。

10秒速识

从外形上看米格–35与米格–29并无明显差异，若是从驾驶舱看则截然不同，米格–35采用全景式机舱，驾驶舱配有显示完整飞行和作战信息的液晶面板而非传统的指针式仪表。

米格-35战斗机在高空飞行

俄罗斯苏–27"侧卫"战斗机

Chapter 02 战斗机

苏-27是苏联时期由苏霍伊设计的单座双发全天候重型战斗机,北约代号为"侧卫"(Flanker)。

研发历史

20世纪60年代,美国相继发展了F-15重型战斗机和F-16轻型战斗机。作为回应,苏联从1969年开始实施"未来前线战斗机"计划(PFI)。参与该项目竞标的有雅克列夫设计局的雅克-45、米高扬设计局的米格-29以及苏霍伊设计局的T-10(苏-27的原型机)。最后,米格-29和T-10胜出。前者用于对抗F-16战斗机,后者用于对抗F-15战斗机。苏-27战斗机属于第四代战斗机,它是苏联设计的最为成功的战斗机之一,无论是气动外形、动力系统、航空电子设备都是当时苏联航空技术的巅峰之作,其单位造价约为3000万美元。

基本参数	
长度	21.94米
高度	5.93米
翼展	14.7米
乘员	1人
空重	17450千克
最大起飞重量	33000千克
最大速度	2876千米/时
最大航程	3790千米
最大升限	18000米

苏-27战斗机在高空飞行

机体构造

苏-27战斗机的基本设计与米格-29战斗机相似,不过体型远大于后者。苏-27战斗机采用翼身融合体技术,悬臂式中单翼,翼根外有光滑弯曲前伸的边条翼,双垂尾正常式布局。机身为全金属半硬壳式,机头略向下垂。为了最大化地减轻重量,苏-27战斗机大量采用钛合金,其比例大大高于同时期的飞机。

苏-27战斗机前起落架被安装在座舱下、红外传感瞄准系统安装在座舱正前方的机身下沿中轴线上。两台发动机被安装在机身下沿中轴线对称布置的发动机舱内，发动机舱之间的空间可以用来挂载空对空导弹。为了能让发动机在各种速度和高度上都能在最好的状态下工作，进气道被装在机翼边条翼下，并安有进气导流板，以控制在各种角度上的进气量。

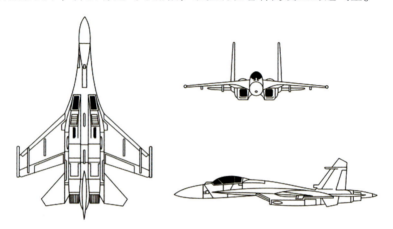

苏-27战斗机三视图

机载武器

苏-27战斗机的机动性和敏捷性较好，续航时间长，可以进行超视距作战。苏-27战斗机的固定武器为1门30毫米GSh-30-1机炮，该机炮是一种超轻量型单管转膛式机炮，为现有同口径机炮中重量最轻的系统，备弹150发。另外还具有10

苏-27战斗机挂载的武器

个外部挂架可挂载 4430 千克导弹，包括 R-27、R-73、R-60M 等空对空导弹。

电子设备

苏-27 战斗机安装有带红外探测追踪传感器和光学/电视瞄准的光电系统，头盔瞄准具和脸部处理器可以直接处理雷达和光电系统的数据资料并显示在阴极射线管显示器上。

苏-27 战斗机准备起飞

服役记录

在 1989 年的巴黎航展上，苏联宣布了一条震惊世界航空界的消息：在 1986—1988 年，苏-27 创下了爬升和飞行高度的两项世界纪录。

1999 年 2 月 25 日上午，4 架米格-29 战斗机在空中巡逻，突然发现 2 架苏-27 战斗机，便开始拦截作战。两架苏-27 是由埃塞俄比亚飞行员驾驶的，正在进行空中巡逻。苏-27 先进的雷达探到米格-29 战斗机飞近。米格-29 战斗机发射了多枚苏制 R-27 导弹，苏-27 编队发现导弹袭来后，机动规避，成功地逃脱了 R-27 的追杀，并向米格-29 编队连续发射了几枚 R-27 导弹，击落了米格-29 战斗机。这是埃塞俄比亚苏-27 战斗机部队第一次击落米格-29 战斗机。

苏-27战斗机在高空飞行

10秒速识

苏–27战斗机采用翼身融合体技术,全金属半硬壳式机身,机头略向下垂,大量采用钛合金,传统三梁式机翼。

苏-27战斗机翼面特写

俄罗斯苏-30"侧卫C"战斗机

苏-30是苏霍伊设计局研制的一款多用途重型战斗机,北约代号为"侧卫C"(Flanker C)。

研发历史

苏-30战斗机的研制工作始于20世纪80年代初。1986年,苏霍伊设计局实施苏-27PU长程拦截研发计划,试验机于1987年7月6日首飞。1991年,苏-27PU获得新的编号——苏-30。1992年,第一架生产型苏-30完成首飞。1996年,苏-30开始服役。

基本参数	
长度	21.935 米
高度	6.36 米
翼展	14.7 米
乘员	1 人
空重	17700 千克
最大起飞重量	34500 千克
最大速度	2120 千米/时
最大航程	3000 千米
最大升限	17300 米

苏-30战斗机前侧方特写

机体构造

苏-30飞机采用"纵列三翼面"气动布局，在研制时采用了整体气动布局，即飞机的机身和机翼构成统一的翼形升力体。从而保证了飞机在机动中有较高的气动性能和升力系数，在跨音速和超音速飞行时的波阻最低。这种从机身到机翼平缓过渡的布局还使飞机内部空间得到了最合理的使用，如增加油箱等。机体广泛采用了钛合金材料。机翼有自动偏转的缝翼前缘，前线后掠角为41度。飞机座舱安装了K–36IIM弹射座椅。

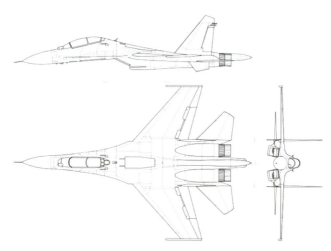

苏-30战斗机三视图

机载武器

苏–30 具有超低空持续飞行能力、极强的防护能力和出色的隐身性能,在缺乏地面指挥系统信息时仍可独立完成歼击与攻击任务,其中包括在敌方纵深执行战斗任务。该机装备了可收式空中受油系统,还能挂载新型的 P–BB–AE 中距空对空导弹。

苏-30 战斗机在高空飞行

电子设备

苏–30 上安装了先进的 H001 "宝剑"机载雷达,该雷达可同时制导两枚导弹攻击不同的空中目标,并具有部分攻击地面目标的能力。其他航电设备包含整体光学照准导航系统搭配大型陀螺仪系统;面板显示器、抬头显示器,还有多功能彩色 LCD 搭配影像复合能力;内置 GPS 系统等。

苏-30 战斗机在跑道上

服役记录

截至 2014 年 11 月,俄罗斯共有 14 架苏–30M2 和 26 架苏–30SM 战斗机在部队服役，根据 2013 年 12 月的订单苏 –30M2 的采购总量为 16 架，这些飞机均在 2015 年全部交付空军。而俄罗斯空军的苏 –30SM 采购总量为 65 架。

苏 -30 战斗机侧方特写

10 秒速识

苏 –30 战斗机机翼有自动偏转的缝翼前缘，前线后掠角 41 度。飞机座舱安装了 K–36IIM 弹射座椅。

苏 -30 战斗机正在起飞

俄罗斯苏-33"侧卫D"战斗机

苏-33 是苏霍伊设计局在苏-27 战斗机基础上研制的单座双发多用途舰载机,北约代号为"侧卫 D"(Flanker D)。

研发历史

苏-33 是从苏-27 战斗机衍生而来的舰载机型号,1987 年 8 月 17 日首次试飞,其北约代号也延续自苏-27,被称为"侧卫 D"或"海侧卫"。该机目前主要部署于俄罗斯海军唯一的现役航空母舰"库兹涅佐夫"号上。苏-33 是世界上现役最大的舰载战斗机。

基本参数	
长度	21.94 米
高度	5.93 米
翼展	14.7 米
乘员	1 人
空重	18400 千克
最大起飞重量	33000 千克
最大速度	2300 千米/时
最大航程	3000 千米
最大升限	17000 米

苏-33 战斗机侧方特写

机体构造

苏-33 的机身结构与苏-27 基本相同，都由前机身、中央翼和后机身组成。前起落架支柱直接与机身主承力结构连接，加强了前起落架的结构强度，并且改用了双前轮。主起落架直接连接在机身侧面的尾梁上。尾钩组件安装在强化的中央桁梁上，为保证飞机处于大迎角状态下在舰上起降的安全性，缩短了尾锥的长度。苏-33 新增加的前翼设计十分出色，前翼的偏转角度为 +7 度至 –70 度，只能同向偏转而不能差动，前翼与主翼安装在相同平面上。

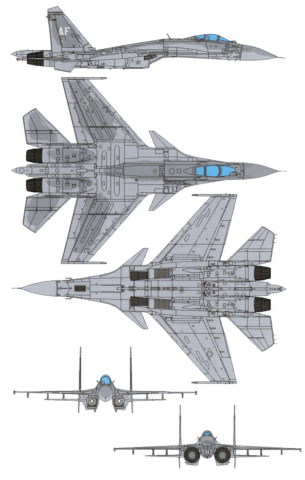

苏-33 战斗机结构图

机载武器

苏-33 的固定武器为 1 门带弹 150 发的 30 毫米 GSh-301 航炮。在执行舰队防空作战任务时，苏-33 主要依靠导弹武器系统进行空中作战，可以使用 R-27 中距离空对空导弹和 R-73 近距离格斗空对空导弹。在对海攻击武器方面，苏-33 可以使用新型的 Kh-41 大型超音速反舰导弹。

Chapter 02　战 斗 机

苏-33 战斗机在高空飞行

电子设备

　　苏–33 的雷达和主要电子系统与苏–27 基本相同，雷达采用了苏–27 的 N001 雷达的改进型，与苏–27S 使用的雷达相比，提高了雷达对水面目标的探测能力。苏–33 的光电探测装置与苏–27 采用同样的结构，因为机头左侧安装了伸缩式空中加油管，苏–33 的光电探测装置偏向右侧。由光电二极管组成的红外接收系统可以探测距离 60 千米内的尾后目标，对目标迎头发现距离不超过 20 千米。

　　苏–33 上采用的头盔瞄准具是通过头盔表面上的红外发光二极管和座舱内的光敏元件进行定位。瞄准具为单目简单光环式，只能显示简单的瞄准和锁定信号。

苏-33 战斗机在空中进行加油

服役记录

1993年开始交付的首批苏–33舰载战斗机，组建了俄罗斯海军第一支先进舰载机作战部队，使俄罗斯海军首次具备了可以和美国海军舰载机在质量和战斗力上相抗衡的海上空中作战力量。

苏-33战斗机正在起飞

10秒速识

苏–33战斗机增加了主翼的面积，并且把苏–27后缘半翼展的整体式襟副翼改为机翼内侧的2块双开缝增升襟翼，在机翼靠近翼尖部分设置有副翼。水平尾翼布置位置和结构与苏–27相同。

苏-33战斗机侧方特写

俄罗斯苏-35"侧卫E"战斗机

苏-35是苏霍伊航空集团研制的单座双发、超机动多用途重型战斗机,北约代号为"侧卫E"(Flanker-E)。

研发历史

20世纪80年代初期,苏-27S战斗机刚刚问世,苏霍设计局就开始了大改苏-27战斗机的构想,也就是后来的苏-27M计划,要将苏-27战斗机改为先进的多用途战斗机。1988年6月,苏-27M战斗机首次试飞。1992年9月,新机被更名为苏-35战斗机。2014年,俄罗斯空军开始少量装备苏-35战斗机。

基本参数	
长度	22.2 米
高度	6.43 米
翼展	15.15 米
乘员	1 人
空重	17500 千克
最大起飞重量	34000 千克
最大速度	2450 千米／时
最大航程	4000 千米
最大升限	18000 米

苏-35战斗机侧方特写

机体构造

苏-35战斗机的外形非常简洁,大部分天线、传感器都改为隐藏式。机头增长增厚,以安装更大的雷达及容纳更多航空电子设备,侧面看上去下倾得比苏-27更大。垂直尾翼加大,以得到更好的偏航稳定性能。苏-35战斗机除了使用三翼面设计带来了绝佳的气动力性能外,还大幅提升了航空电子性能。这也导致机身重量增

苏-35战斗机三视图

加，必须采取其他改良措施才能避免机动性、加速性、航程的下降。因此，除了以前翼提升操控性外，苏-35 战斗机还装备了更大推力的发动机，主翼与垂尾内的油箱也相应增大。

机载武器

苏-35 战斗机安装有 1 门 30 毫米 Gsh-301 机炮，机身和机翼下共有 12 个外挂点，采用多用途挂架可有 14 个外挂点。所有外挂点的最大挂载量为 8000 千克，正常空战挂载量则为 1400 千克。理论上，苏-35 战斗机能发射所有俄制精确制导武器，如 R-27 空对空导弹、R-73 空对空导弹、R-77 空对空导弹、Kh-29 反舰导弹、Kh-59 巡航导弹、Kh-31 反辐射导弹，以及 KAB-500、KAB-1500 系列制导炸弹等。

苏-35 战斗机翼面特写

电子设备

苏-35 战斗机航电系统主要采用"雪豹"-E 相控阵雷达。"雪豹"-E 是一种 X 波段的多模被动相控阵雷达。相控阵天线安装在双轴电液驱动的平台上。在平台固定时，天线的电子波束扫描角度为 60 度，此外，该平台可进行 60 度的偏转和 120 度的旋转，这意味着两者配合使用时，天线波束的扫描角度可达到 120 度。"雪豹"–E 雷达可同时探测和跟踪 30 个空中目标,并对其中的 8 个目标发起攻击。对雷达截面积 3 平方米的目标迎头探测距离为 400 千米。雷达在对空警戒的同时还能对地扫描、可选择并跟踪 4 个地面目标。雷达具有多种地图测绘模式以及多种分辨率,最大地面目标探测距离 400 千米。

高空飞行中的苏-35 战斗机

服役记录

2014 年 2 月 12 日,俄罗斯国防部长、空军总司令和苏霍伊总裁在阿穆尔河畔共青城飞机厂参加了向俄罗斯空军交付 12 架苏–35 战斗机的正式仪式。这批战斗机编入东部军区第 3 空防司令部第 303 近卫混成航空兵师第 23 歼击航空兵团第 1 大队,部署在哈巴罗夫斯克边疆区。

苏-35 战斗机前侧方特写

Chapter 02 战斗机

10秒速识

苏–35 与苏–27 战斗机的外形很相似,但是垂尾及其方向舵的形状略有改变,在垂尾顶端,由苏–27 战斗机的下切改为平直,这是苏–35 战斗机的重要识别特征。

苏-35 战斗机后方特写

俄罗斯 T-50 战斗机

T–50 是由俄罗斯联合航空制造公司旗下的苏霍伊设计局主导,在"未来战术空军战斗复合体"(PAK FA)计划下研制的第五代战斗机。

研发历史

2002年，苏霍伊设计局在融合苏-47和米格-1.44这两款战机的技术后，制造出了T-50原型机。T-50战斗机的研制计划比美国F-22战斗机还早两年，但由于经费紧缺，其首次试飞时间（2010年1月29日）足足落后了13年。到2015年秋季，T-50战斗机的5架原型机完成了700架次试飞，其中多架原型机都经历了长时间的维修。

基本参数	
长度	19.8米
高度	4.8米
翼展	14米
乘员	1人
空重	17500千克
最大起飞重量	37000千克
最大速度	2600千米/时
最大航程	5500千米
最大升限	20000米

T-50战斗机后侧方特写

机体构造

T-50战斗机大量采用复合材料，其比重约占机身总重量的四分之一，覆盖了机身70%的表面积，钛合金占T-50机体重量的四分之三。为了降低机身雷达反射截面积及气动阻力，T-50战斗机的两个内置武器舱以前后配置方式，置于机身中轴的两个发动机舱之间，长度约5米。驾驶舱的设计着重于提高飞行员的舒适性，配备了新型弹射椅和维生系统。

从飞机整体布局来看，T-50战斗机机身扁平，延续了苏-27战斗机的升力体设计。加上机翼面积较大，翼载荷较低，因此T-50战斗机具有较大的升力系数。另外，其机翼前缘后掠角大于F-22战斗机，这显示T-50战斗机更重视高速飞行和超音速拦截能力。

Chapter 02　战斗机

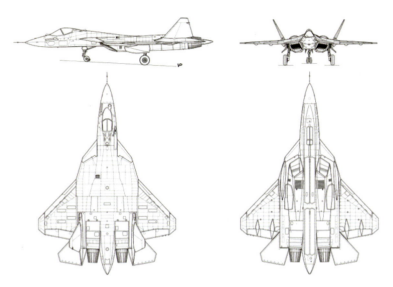

T-50 战斗机三视图

机载武器

T-50 安装有 1 门 30 毫米 GSh-301 机炮，拥有至少两个内置弹舱，主要用于装载远距和中距空对空导弹，整个武器舱室几乎是飞机容量的三分之一。T-50 可携带 10 吨各式武器，包括不同类型和射程的导弹以及航空制导炸弹。为装备 T-50 而研制的最新式武器有十多种。T-50 能够装备超远距离空对空导弹，其中机体内可携弹不少于两枚，机身外挂可携更多。

T50 战斗机底部特写

电子设备

T–50 装备了季赫米洛夫研究所设计的 N036 雷达。该系统与两台机载电脑相结合，能发现 400 千米以外的目标，同时跟踪 30 个空中目标并向其中 8 个发起攻击。该雷达有五套有源电子扫描阵列（AESA）天线。T–50 还使用了 SH121 雷达系统，当中包括了三部 X 波段雷达，分别置于正前方及左右两侧。机翼另有 L 波段雷达，以应付对 X 波段有低 RCS 的低可侦测目标。

除了先进的雷达系统外，T–50 还装备有新型无线电侦察和对抗系统，可以在不打开雷达、不暴露自己的情况下，发现敌人并实施干扰。

T-50 战斗机进行编队飞行

服役记录

2012年8月12日,为了庆祝俄罗斯空军成立100周年,T–50战斗机继2011年莫斯科国际航展首度亮相后,再度出现在公众面前。T–50战斗机目前处于试生产阶段,俄罗斯国防部称,将购买首批10架T–50作评估试验机,而首批战机将配备现有的技术引擎。T–50型战斗机预期服役寿命为30~35年。此机虽然综合性能十分高,但因俄罗斯经济能力有限,因此不能大规模生产。

T-50战斗机试射导弹

10秒速识

T–50机身的横截面为椭圆形,主要由钛铝合金建造,机鼻雷达罩在前部稍微变平,底边为水平。尾翼布置在发动机舱两侧的尾撑上,力矩点在发动机尾喷口以后。

T–50采用外倾双垂尾,位置布置比较靠前,翼根弦长有接近一半与机翼根部重合,垂尾根部在发动机舱外侧。

T-50 战斗机侧方特写

欧洲"狂风"战斗机

"狂风"(Tornado)是由德国、英国和意大利联合研制的双发战斗机。

研发历史

1969 年 3 月,英国、德国、意大利和荷兰合资成立了帕那维亚飞机公司，决定研发一种可以实施战术攻击、侦察、防空和海上攻击的新飞机。由于飞机开发计划过于复杂，荷兰在 1969 年 7 月退出了计划，而英国、德国和意大利仍继续研发新飞机。1970 年，新飞机正式开始研制工作，1972 年完成结构设计，1974 年 8 月首次试飞，1974 年 9 月命名为"狂风"战斗机。

基本参数	
长度	16.72 米
高度	5.95 米
翼展	13.91 米
乘员	2 人
空重	13890 千克
最大起飞重量	28000 千克
最大速度	2417 千米／时
最大航程	3890 千米
最大升限	15240 米

"狂风"战斗机上方视角

机体构造

"狂风"战斗机机体结构上以铝合金为主，部分采用了合金钢，在高受力的中央翼盒和机翼转轴部位应用了高强度的钛合金，复合材料应用范围不大，主要用在机翼的密封带和减速板上。为了提高对电子系统的维护和保养能力，机头的雷达天线罩可以向侧面打开，雷达天线也可以折转，前机身侧面设计有大开口以便对航空电子设备进行检测。"狂风"战斗机的机身设置有大量的检查口盖，全机开口率较高，可以方便在设施简单的野战机场对飞机进行地面维护和保养。

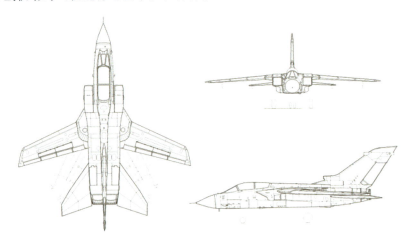

"狂风"战斗机三视图

机载武器

"狂风"战斗机有多个型号，其武器也各不相同。该机的固定武器通常是1门27毫米毛瑟BK-27机炮，备弹180发。机身和机翼下的7个挂架可根据需要挂载各种导弹、炸弹和火箭弹等，包括AIM-9空对空导弹、AIM-132空对空导弹、AGM-65空对地导弹、"暴风影"空对地导弹、"铺路"系列制导炸弹、B61核弹等。

"狂风"战斗机底部特写

电子设备

"狂风"战斗机(对地攻击型)装备的多用途前视地形测绘雷达系统应用了椭圆形雷达天线面,多用途前视地形测绘雷达在作战中进行测绘、识别和瞄准地面(空中)目标,同时为机载武器提供目标的距离和角度信息。地形测绘雷达的综合性能与美国F-111战斗轰炸机基本相当,对地面目标有比较好的搜索和跟踪能力,在机载导航系统协作下可以对地面固定和活动目标保持很高的探测精度。

"狂风"战斗机(防空截击型)装备了AI-24机载火控雷达,AI-24是采用脉冲多普勒体制的多功能机载截击雷达,具备在远距离上同时对多个空中目标进行搜索和跟踪的能力,"狂风"战斗机(防空截击型)执行全天候拦截任务时采用"天空闪光"半主动雷达制导导弹与AI-24配合使用。

"狂风"战斗机前侧方特写

服役记录

海湾战争中,多国部队共有128架"狂风"战斗机参战。在战争期间,"狂风"共出动了2400架次,炸毁了伊拉克35个大型机场和60个小型机场。海湾战争开始后10天,英国空军损失"狂风"战斗机6架。

"狂风"战斗机进行编队飞行

10秒速识

"狂风"战斗机采用全金属半硬壳结构的机体,机翼为可变后掠悬臂式上单翼,截面尺寸较大的机身具有很大的内部空间,在机身中段上方还有高强度的中央翼盒和转轴机构。

"狂风"战斗机进行飞行表演

欧洲"台风"战斗机

"台风"（Typhoon，又常被称为 EF-2000）是欧洲战机公司研制的双发多功能战斗机。

研发历史

1983 年，英国、法国、德国、意大利和西班牙五国开始执行"未来欧洲战机"计划。因意见不合，法国转而发展自己的"阵风"战斗机。1994 年，"台风"战斗机第一架原型机试飞。2003 年，"台风"战斗机正式开始服役。

基本参数	
长度	15.96 米
高度	5.28 米
翼展	10.95 米
乘员	1～2 人
空重	11150 千克
最大起飞重量	23500 千克
最大速度	2124 千米／时
最大航程	3790 千米
最大升限	19812 米

高空飞行的"台风"战斗机

机体构造

"台风"战斗机广泛采用碳素纤维复合材料、玻璃纤维增强塑料、铝锂合金、钛合金和铝合金等材料制造,复合材料占全机比例约40%。其动力装置为两台欧洲喷气涡轮公司的EJ200涡扇发动机,性能非常出色。

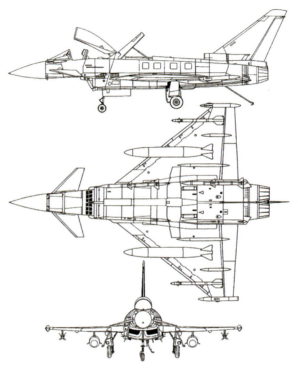

"台风"战斗机三视图

机载武器

"台风"战斗机不仅空战能力较强,还拥有不错的对地作战能力,可使用各种精确对地武器。该型机安装有1门27毫米BK-27机炮,13个外挂点可以挂载9000千克武器,包括AIM-9"响尾蛇"导弹、AIM-120导弹、AIM-132导弹、ALARM导弹、"金牛座"导弹、"铺路"系列制导炸弹等。

"台风"战斗机挂载的武器

电子设备

"台风"战斗机使用ECR-90/"捕手"(Captor)雷达,其他设备包括先进集成辅助自卫子系统(DASS)、红外搜索/跟踪系统(IRST),此外还具有头盔显示器、语音控制系统等控制的高度集成化自动化的座舱显示系统,STANG3838北约标准数据总线。

"台风"战斗机进行飞行训练

飞行员控制系统最具特色的是采用语音控制操纵杆系统(VTAS),直接的声音输入允许飞行员使用声音命令实现模态选择和数据登录程序,这也是世界上第一种语音操控系统,覆盖传感器、武器控制、防卫帮助等管理和飞行中的操纵,提供24个原来需要指尖控制的指令。

服役记录

科威特在2016年1月签署采购28架"台风"战斗机的协议。作为"台风"战斗机四个合作伙伴国之一的意大利领导了向科威特推销这种战机的工作。

"台风"战斗机进行编队飞行

10秒速识

"台风"战斗机采用鸭式三角翼无尾式布局,矩形进气口位于机身下,机翼使用无缝隙襟翼。

"台风"战斗机后侧方特写

法国"阵风"战斗机

"阵风"(Rafale)是法国达索飞机制造公司研制的第四代半战斗机。

研发历史

20 世纪 70 年代,法国空军及海军开始寻求新战机。为了节约成本,法国尝试加入欧洲战机计划,与其他国家共同研发,但因对战机功能要求差别过大,最终法国决定独资研发,其成果就是"阵风"战斗机。1986 年 7 月,"阵风"战斗机的原型机首次试飞。在世界各国真正属于"阵风"战斗机这样的"全能通用型战斗机"的新型战机并不多。

基本参数	
长度	15.27 米
高度	5.34 米
翼展	10.8 米
乘员	1～2 人
空重	9500 千克
最大起飞重量	24500 千克
最大速度	2130 千米/时
最大航程	3700 千米
最大升限	16800 米

"阵风"战斗机进行编队飞行

机体构造

"阵风"战斗机大部分部件和升降副翼用碳纤维复合材料制造。部件安装接头用铝锂合金制造。钛制造的全翼展两段式前缘缝翼自动与升降副翼联动，可改变机翼弯度，增加升力。翼根整流罩为聚芳酰胺纤维复合材料。该机的进气道位于下机身两侧，可有效改善进入发动机进气道的气流，从而提高大迎角时的进气效率。

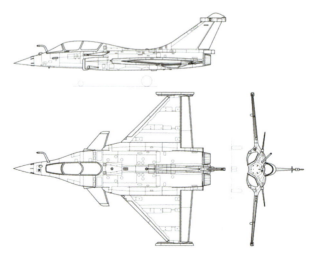

"阵风"战斗机三视图

机载武器

"阵风"战斗机共有 14 个外挂点（海军型为 13 个），其中 5 个用于加挂副油箱和重型武器，总外挂能力在 9000 千克以上，所有型号的"阵风"战斗机都有 1 门 30 毫米机炮，最大射速为 2500 发/分。

"阵风"战斗机挂载的武器

电子设备

"阵风"战斗机机内整合了一套综合电子战系统称为 SPECTRA，是一套高度整合与自动化的系统，因此不需占用外挂架。此系统的功能包括对威胁目标产生的信号作长距离侦测、辨别及精准的定位，能应对红外线、电磁波及激光信号。

"阵风"战斗机前方特写

"阵风"战斗机使用汤姆逊–CSF公司的具有下视/下射能力的RBE–2雷达,可同时跟踪8个目标,能自动评估目标威胁程度,排定优先顺序。2012年,RBE–2雷达开始逐步被RBE–2–AA主动电子扫描阵列雷达(AESA雷达)所取代,新雷达据称能改善探测距离、追踪能力、可靠性、低雷达截面积目标截获能力,并且能够提供分辨率高至小于1米的合成孔径雷达图像。

服役记录

2000年12月4日,"阵风"战斗机正式服役。原本法国军队计划采购292架"阵风"战斗机,其中空军232架、海军60架。但因各种原因最终缩减了采购规模。2015年,"阵风"战斗机取得了来自埃及(24架)与印度(36架)的订单。此外,卡塔尔也计划购买24架"阵风"战斗机。

"阵风"战斗机侧方特写

10秒速识

"阵风"战斗机采用三角形机翼,机身为半硬壳式,前半部分主要使用铝合金制造,后半部分则大量使用碳纤维复合材料。起落架为前三点式,可液压收放在机体内部。

装备法国海军的"阵风"战斗机

法国"幻影Ⅲ"战斗机

"幻影Ⅲ"(Mirage Ⅲ)是法国达索飞机制造公司研制的一款单座单发战斗机。

研发历史

20世纪50年代初,世界各主要空军强国已经进入喷气式时代,法国空军迫切希望能装备一种国产战斗机。为此,法国政府要求国内航空企业研制一种全天候的轻型拦截机。达索航空公司参与投标的机型为"神秘－三角550",该机几经改进后被定名为"幻影Ⅲ"战斗机。原型机于1956年11月首次试飞,生产型于1958年5月首次试飞。

基本参数	
长度	15 米
高度	4.5 米
翼展	8.22 米
乘员	1 人
空重	7050 千克
最大起飞重量	13500 千克
最大速度	2350 千米／时
最大航程	2400 千米
最大升限	17000 米

"幻影Ⅲ"战斗机进行编队飞行

机体构造

"幻影Ⅲ"战斗机机身采用"面积律"设计,进气口采用机身侧面形式,为半圆形带锥体。"幻影Ⅲ"战斗机采用可收放式前三点起落架,主轮和前轮均为单轮。座舱盖以铰链形式连接,向后打开,座舱内装有马丁·贝克公司的弹射座椅。达索航空公司认为战斗机在高强度的空战中可靠性将是影响作战性能的最大因素,为此"幻影Ⅲ"战斗机的空调系统和液压系统均采用双套备用系统。

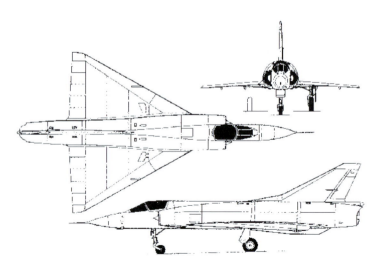

"幻影Ⅲ"战斗机三视图

Chapter 02　战斗机

机载武器

"幻影Ⅲ"战斗机最初被设计为截击机,之后发展成兼具对地攻击和高空侦察的多用途战机。该机的固定武器为 2 门 30 毫米机炮,另有 7 个外挂点,可挂载空对空导弹、空对地导弹、空对舰导弹或炸弹等武器。

展览中的"幻影Ⅲ"战斗机

电子设备

"幻影Ⅲ"战斗机有多种型号,不同型号使用的电子设备也不尽相同。其中"幻影Ⅲ"A 不仅安装了汤姆逊–CSF 的"西拉诺–白鹳"机载截击雷达,"幻影Ⅲ"E 换装为汤姆逊–CSF 的"西拉诺"Ⅱ双模空/地雷达,并在垂尾顶部增加了雷达告警接收机天线。部分"幻影Ⅲ"E 还在座舱下方的机腹安装了马可尼连续波多普勒导航雷达的天线罩。

"幻影Ⅲ"战斗机准备起飞

服役记录

在 1967 年爆发的第三次中东战争中,以色列空军倾巢出动,以迅雷不及掩耳之势轰炸了埃及空军、约旦空军和叙利亚空军的机场,以色列飞行员使用"幻影Ⅲ"战斗机上的机炮和法制反跑道炸弹把三个国家的军用机场炸得千疮百孔,为以色列取得战争胜利打下了坚实的基础。

装备阿根廷空军的"幻影Ⅲ"战斗机

10 秒速识

"幻影Ⅲ"战斗机采用后掠角 60 度的三角形机翼,取消了水平尾翼。机翼装有锥形扭转盒,靠近机翼前缘处有铰接在上下翼面上的小型扰流片。尖锐的机头罩内装有搜索截击雷达天线。

"幻影Ⅲ"战斗机侧下方特写

Chapter 02 战斗机

法国"幻影 2000"战斗机

"幻影 2000"（Mirage 2000）是法国达索公司研制的多用途战斗机。

研发历史

从 20 世纪 70 年代开始，达索航空公司就在研究轻型、简单战斗机，所以法国政府提出研制新型"幻影"战斗机的要求时，达索航空公司立即拿出了设计方案，并很快获得了政府的批准和投资。新型"幻影"战斗机由"幻影Ⅲ"战斗机改良而来，第一架原型机于 1978 年 3 月首次试飞，1982 年 11 月开始在法国空军服役，被命名为"幻影 2000"战斗机。

基本参数	
长度	14.36 米
高度	5.2 米
翼展	9.13 米
乘员	1 人
空重	16350 千克
最大起飞重量	17000 千克
最大速度	2530 千米 / 时
最大航程	3335 千米
最大升限	17060 米

"幻影2000"战斗机后方特写

机体构造

"幻影2000"重新启用了"幻影Ⅲ"的无尾三角翼气动布局,以发挥三角翼超音速阻力小、结构重量轻、刚性好、大迎角时的振动小和内部空间大以及贮油多的优点。但在技术发展的条件下,解决了无尾布局的一些局限。主要措施为采用了电传操纵、放宽静稳定度、复合材料等先进技术,弥补了该布局的局限。为减轻结构重量,"幻影2000"战斗机广泛采用了碳纤维、硼纤维等复合材料,复合材料的重量占飞机总重7%左右。

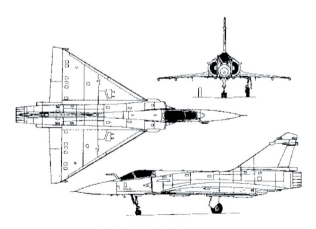

"幻影2000"战斗机三视图

"幻影2000"战斗机的动力装置为一台斯奈克玛 M53 单轴式涡轮风扇发动机，其结构非常简单，由 10 个可更换的单元体组成，易于维护。由于 M53 发动机的推重比不高、推力不足，所以"幻影2000"战斗机的水平加速性能和爬升性能并不突出，但低速性能较为出色。

机载武器

"幻影2000"战斗机可执行全天候全高度全方位远程拦截任务，全机共有 9 个外挂点，其中 5 个在机身下，4 个在机翼下。单座型号还安装有 2 门 30 毫米"德发"机炮，每门备弹 125 发。

"幻影2000"战斗机进行编队飞行

电子设备

"幻影2000"战斗机的机载电子设备比较完备、技术比较先进。其机载电子设备都与一个数字式多路数据总线交联，总线由 1 个 18 位、64K 储量的计算机控制。机上安装有通信设备、惯性导航设备和无线电导航设备等。"幻影2000"的一些出口型装 RDM 火控雷达，有较好的对地功能；C 型安装 RDI 雷达，以空战为主，兼有一定的对地功能。"幻影2000"−5 采用 RDY 雷达，它的对空、对地功能都较强，并具有多目标攻击能力和良好的抗电子干扰能力。

"幻影2000"战斗机前方特写

服役记录

法国的"幻影2000"战斗机参加了20世纪80年代至今的多次北约的重大军事行动,海湾战争、波黑战争、科索沃战争、阿富汗战争中均能看见"幻影2000"的身影。

"幻影2000"战斗机前侧方特写

Chapter 02 战斗机

在 1995 年北约轰炸波黑行动时，一架"幻影 2000"战斗机在 8 月 30 日下午被波黑防空部队以 9K38"针"式单兵防空导弹击落，两名飞行员被俘。这是法国空军自冷战以来最严重的军事损失之一。

10 秒速识

"幻影 2000"战斗机采用三角翼布局，翼根处绝对厚度大，进气道旁靠近机翼前缘处有小边条，边条有明显的上反角。

"幻影 2000"战斗机侧方特写

瑞典 JAS 39"鹰狮"战斗机

JAS 39"鹰狮"（Gripen）是瑞典萨博公司研制的单座全天候战斗机。

研发历史

JAS 39 "鹰狮"战斗机的研发历史最早可以追溯到 1980 年,当时它作为 SAAB 37 的后继机型开始研发。瑞典情报部门预测,在"鹰狮"战斗机的服役过程中,俄罗斯的苏-27 战斗机是它可能遇到的最大的威胁。由于苏联距瑞典的最近点只有 200 千米,所以"鹰狮"战斗机没有必要设计成为一种大型的双发飞机。1988 年 12 月 9 日,"鹰狮"战斗机的试验机完成首飞,之后因操控系统缺陷导致生产计划大幅延迟。1997 年 11 月,"鹰狮"战斗机正式服役。

基本参数	
长度	14.1 米
高度	4.5 米
翼展	8.4 米
乘员	1 人
空重	6620 千克
最大起飞重量	14000 千克
最大速度	2204 千米/时
最大航程	3200 千米
最大升限	15240 米

JAS 39 "鹰狮"战斗机进行编队飞行

机体构造

"鹰狮"战斗机采用鸭翼(前翼)与三角形机翼组合而成的近距耦合鸭式布局,机身广泛采用复合材料。机身内装自封主油箱和集油油箱,采用燃油综合管理系统控制。"鹰狮"战斗机的机体结构分为几个部件进行制造,其中机翼分为 7 个部件,机身分为 3 段,3 段机身在总装阶段被永久地连接在一起,这样可以消除传统的过渡连接所产生的重量增加。中段机身又分为 3 个部件:机炮舱、起落架段和机身安装段。机翼的弯曲力矩通过 3 个小间距的隔框传向机身。"鹰狮"飞机为单发飞机,采用一台通用动力公司/沃尔沃航空发动机公司的 RM12 发动机。

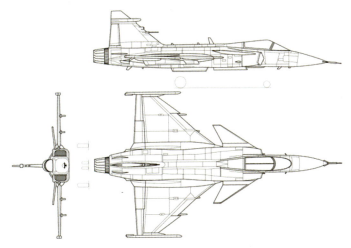

JAS 39 "鹰狮"战斗机三视图

机载武器

"鹰狮"战斗机属于第四代半战斗机,由于作战效能高、造价相对便宜,该机已成为世界上关注度最高、出口成绩最好的轻型战斗机之一。该机的固定武器是 1 门 27 毫米机炮,机身有 7 个外挂点可以挂载 AIM-9 空对空导弹、"魔术"空对空导弹、AIM-120 空对空导弹、AGM-65 空对地导弹、GBU-12 制导炸弹、Bk 90 集束炸弹等武器。

JAS 39 "鹰狮"战斗机底部特性

电子设备

"鹰狮"战斗机的主要机载设备有 PS-50/A 多功能脉冲多普勒雷达,该型雷达具有目标搜索／截获和地面检视／攻击能力。PS-05/A 多功能脉冲多普勒雷达和前视红外线设备荚舱组成了"鹰狮"的侦测系统。空战时,探测系统负责目标搜索,在远距离内跟踪数个目标,在近距离内采用广角快速扫描及锁定,控制导弹和机炮射击。对地攻击时,该系统探测海面及地面上的目标,绘制高分辨率地图,控制导弹和其他攻击武器的发射,同时规避障碍和导航。

除了雷达外,"鹰狮"装备的电子设备还包括 D80 中央电脑系统,三条 STD1553B 数据总线、激光惯性导航系统和雷达高度表,EP17 座舱电子显示系统,以及先进的电子反制系统等。

JAS 39 "鹰狮"战斗机在高空飞行

服役记录

但自 20 世纪 90 年代后期瑞典与英国宇航合作开始进行"鹰狮"的外销,为了满足客户的需求,瑞典将原先的"鹰狮"进行了整体强化,包括航电、机身结构、发动机都进行了更新。

JAS 39 "鹰狮"战斗机前方特写

目前，使用"鹰狮"战斗机的国家除了瑞典外，还有英国、泰国、巴西等国。

 10秒速识

"鹰狮"战斗机的三角形机翼带有前缘襟翼和前缘锯齿，全动前翼位于矩形涵道的两侧，没有水平尾翼。机翼和前翼的前缘后掠角分别为45度和43度。座舱盖为水滴形，单片式曲面风挡玻璃。

JAS 39 "鹰狮"战斗机准备起飞

印度"光辉"战斗机

"光辉"（Tejas）是印度斯坦航空公司研发的一款轻型战斗机。

研发历史

20世纪80年代初,巴基斯坦从美国获得了先进的F-16战斗机。为此,印度决心要研制一种全新的作战飞机,性能上全面超越F-16战斗机。1983年,印度"轻型作战飞机"项目正式上马,后来该项目计划被正式命名为"光辉"。虽然包括发动机在内的关键部件都从国外引进,但受印度国力及航空科技水平的限制,"光辉"

基本参数	
长度	13.2米
高度	4.4米
翼展	8.2米
乘员	1人
空重	6500千克
最大起飞重量	13300千克
最大速度	1920千米/时
最大航程	3000千米
最大升限	15250米

战斗机研制工作的进展非常缓慢。直至2001年1月4日首架试验机升空,印度已耗资约6.75亿美元。虽然"光辉"战斗机是刚刚服役的新型战斗机,但其作战水平只能勉强达到第四代战斗机的标准。

装备印度空军的"光辉"战斗机

机体构造

"光辉"战斗机机身采用了铝锂合金、碳纤维复合材料和钛合金钢制造,复合材料有效地降低了飞机重量,也可以减少机身铆钉的数量,增加飞机的可靠性和降低其因结构性疲劳而产生裂痕的风险。印度最初希望"光辉"战斗机采用国产的卡佛里发动机,然而卡佛里发动机至今仍未完成研发和测试,因此改为选用美国通用电气公司的F404-GE-IN20发动机,但卡佛里发动机仍然不会因而停止研发，在完成研发后便会配置在量产型的"光辉"战斗机中。

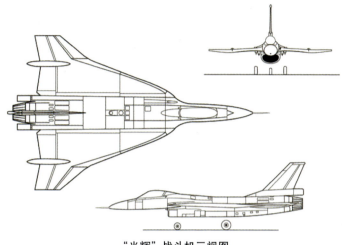

"光辉"战斗机三视图

机载武器

"光辉"战斗机安装有1门23毫米GSh-23机炮（备弹220发），8个外部挂架可挂载3500千克导弹、炸弹或火箭弹等武器，也可挂载航空燃油、电子吊舱或侦察吊舱。

"光辉"战斗机底部特写

电子设备

在飞控方面,由于"光辉"战斗机使用控制构型载具的设计,因此它配备了四个飞行线控系统(FBW),以减轻飞行员的操作负担。"光辉"战斗机的雷达采用了以色列航空航天工业公司的EL/M-2032多模多普勒脉冲雷达,使"光辉"战斗机能够具备高达150千米空中扫描和跟踪模式,与极佳的对地/对海精准搜索与定位的能力。然而按目前的计划,印度希望未来"光辉"战斗机改装主动电子扫描阵列(AESA)雷达,以提高光辉战斗机的能力。

除了雷达,"光辉"战斗机也配置了红外线搜索和跟踪传感器(IRST),使其可以更精准进行对地/对海攻击或轰炸。

"光辉"战斗机进行飞行表演

服役记录

2015年1月17日,首架"光辉"战斗机正式交付印度空军。2016年1月21日,印度空军派出两架编号为"LSP-4"和"LPS-7"的"光辉"战斗机参与巴林航空展。

Chapter 02 战斗机

准备起飞的"光辉"战斗机

10秒速识

"光辉"战斗机在很大程度上参考了法国"幻影"2000战斗机的设计，采用无水平尾翼的大三角翼布局。机体极小，机身大量采用复合材料，进气道采用Y形设计。

降落中的"光辉"战斗机

日本 F-2 战斗机

F-2 是日本三菱重工与美国洛克希德合作研制的一款战斗机。

研发历史

1987 年 11 月,日本和美国签订协议,由日本政府出资,以美国 F-16 战斗机为样本,共同研制一种适用于日本国土防空的新型战斗机。最初这种飞机被称为 FS-X,后来正式定名为 F-2 战斗机。1995 年 10 月,首批 4 架原型机开始试飞。F-2 战斗机原本计划于 1999 年服役,但因试飞期间机翼出现断裂事故而推迟到 2000 年。F-2 战斗机是日本航空自卫队现役的主要战斗机种之一,也是接替 F-1 战斗机任务的后继机种,有"平成零战"之称。

基本参数	
长度	15.52 米
高度	4.96 米
翼展	11.13 米
乘员	1～2 人
空重	9527 千克
最大起飞重量	18100 千克
最大速度	2469 千米／时
最大航程	4000 千米
最大升限	18000 米

Chapter 02 战斗机

F-2 战斗机在高空飞行

机体构造

F-2 战斗机是以美国 F-16C/D 战斗机为蓝本设计的战斗机，其动力设计、外形和武器等方面都吸取了后者的不少优点。但为了突出日本国土防空的特点，该机又进行了多处改进，其中包括：采用先进的材料和构造技术，使 F-2 战斗机机身前部加长，从而能够搭载更多的航空电子设备。其配有全自动驾驶系统，机翼大量采用吸波材料以降低雷达探测特征等。

F-2 战斗机三视图

机载武器

F-2 战斗机安装有 1 门 20 毫米 JM61A1 机炮，位于左侧翼根，可携弹 512 发。此外，还可挂载 8085 千克外挂武器，包括 AIM-7F/M "麻雀"中程空对空导弹、AIM-9L "响尾蛇"近程空对空导弹、AAM-3 近程空对空导弹、GCS-1 制导炸弹、自由落体通用炸弹、JLAU-3 多管火箭弹、RL-4 多管火箭弹、ASM-1 反舰导弹和 ASM-2 反舰导弹等。

F-2 战斗机

电子设备

F-2 是世界上第一种将主动相控阵雷达投入服役的型号，搭载 J/APG-1 相控阵雷达，该型雷达由日本率先使用砷化镓半导体打造，由日本国内独立研制生产。但该型雷达在服役初期由于日本在软件整合能力方面的欠缺，导致其性能不稳定。这在改进的 J/APG-2 雷达应用之后才有所改观，J/APG-2 整体性能与美国雷神公司研制的 APG-79 相控阵雷达相当。

F-2 战斗机最初主要担负为对地与反舰等航空支援任务，因此航空自卫队将其划为支援战斗机。换装 J/APG-2 相控阵雷达之后，F-2 战斗机凭借先进的电子战系统和雷达，在空对空作战中也有不错的表现。

Chapter 02 战斗机

F-2 战斗机前侧方特写

服役记录

2007年10月31日，一架编号为43-8126的F-2战斗机（2004年服役）在爱知县名古屋进行飞行试验时起飞失败，飞机随后着火焚毁，飞行员成功脱离，仅受轻伤。

F-2 战斗机进行编队飞行

10秒速识

F-2的机身截面与F-16基本相同，但为增加内部容量，稍稍增加了机身中段的长度。垂尾面积与F-16一致，但在其根部加装了阻力伞。F-2还在机身后部增加了两个腹鳍。

F-2 战斗机侧方特写

Chapter 03
轰炸机

　　轰炸机是"三位一体"战略核力量之中不可缺少的一部分，具有突击力强、航程远、载弹量大、机动性高等特点，是空军实施空中突击的主要机种。除了投掷常规炸弹外，它还能投掷核弹、核巡航导弹或发射空对地导弹。

美国 B-1 "枪骑兵" 轰炸机

B-1 是北美飞机公司研制的超音速轰炸机,绰号"枪骑兵"(Lancer)。

研发历史

20 世纪 70 年代,北美航空提出以 B-70 的技术为基础研制 B-1 轰炸机,造出 4 架 B-1A 原型机,并于 1974 年首次试飞,后由于造价昂贵遭到卡特总统取消。1981 年,里根总统上任后,美国空军恢复了订购。新的 B-1B 原型机于 1983 年 3 月首飞,1985 年开始批量生产。

B-1 轰炸机是美国空军战略威慑的主要力量,也是美国现役数量最多的战略轰炸机。按照 1998 年的市值,B-1 轰炸机的单机造价高达 2.83 亿美元。

基本参数	
长度	44.5 米
高度	10.4 米
翼展	41.8 米
乘员	4 人
空重	87100 千克
最大起飞重量	216400 千克
最大速度	1529 千米/时
最大航程	11998 千米
最大升限	18000 米

Chapter 03 轰炸机

B-1 轰炸机后方视角

机体构造

B-1 轰炸机的机身修长，机身中段向机翼平滑过渡，形成翼身融合，可增加升力减轻阻力。另外，机身的设计还注重降低雷达截面积，以降低被敌防空系统发现的概率。双轮前起落架有液压转向装置，向前收在机鼻下方的起落架舱中。主起落架安装在机腹下方发动机短舱之间，采用四轮小车式机轮，向上收入机腹。由于采可变后掠翼，B-1 轰炸机能从跑道长度较短的民用机场起飞作战。该机的动力装置为四台通用电气 F101-GE-102 发动机，单台推力为 64.9 千牛。

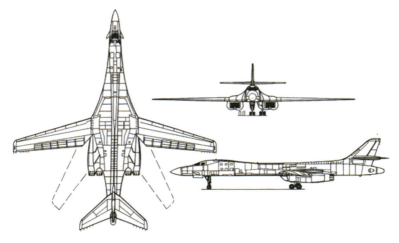

B-1 轰炸机三视图

115

机载武器

B-1 轰炸机有 7 个独立的油箱，4 个在机身内部，一个在承力翼盒中，机翼内各有一个。B-1 轰炸机有 3 个弹舱，一个在主起落架舱后的后机身，紧邻发动机舱；其余两个在主起落架舱前方的前机身。B-1 轰炸机的后弹舱维持 5.49 米的长度，两个前弹舱在挂载 AGM-86B 导弹时可连为一体，平时仍通过一个隔板隔成两个弹舱。理论上 B-1 轰炸机可安装外置武器挂架，每个弹舱舱门外侧可安装 1 对双联挂架，另外在中部弹舱挂架外侧还可安装 1 对单挂架，共可外挂 14 件战略武器，但是挂架很少使用。

B-1 轰炸机及挂载的武器

电子设备

B-1 轰炸机具有复杂的航电系统，包括自动飞行控制系统，负责导航、武器管理和投放的进攻性航电系统（OAS）以及防御性航电系统（DAS）。OAS 是数字式可编程系统，可在飞行中按任务要求重新规划。OAS 具备不借助任何光学和激光瞄准系统的传统炸弹的精确投放能力。OAS 的关键部分是其雷达系统，并没有单独的地形跟踪雷达，被并入主攻击雷达系统的一个独立的模式。

B-1 轰炸机安装了 1 台单天线的威斯汀豪斯 APQ-164 雷达，该雷达发展自 F-16 战斗机的 APQ-66，采用 1 个相控阵天线，呈一定倾角以把敌方雷达波向下反射，有 11 种模式。

Chapter 03 轰 炸 机

B-1 轰炸机在高空飞行

服役记录

B-1 轰炸机首次投入实战是在 1990 年 12 月的"沙漠之狐"行动,对伊拉克进行空中轰炸。1999 年,6 架 B-1 轰炸机投入北约各国对塞尔维亚所进行的联合轰炸任务,并在仅占总飞行架次 2% 的情形下,投掷了超过 20% 的弹药量。

B-1 轰炸机侧方特写

10 秒速识

B-1 轰炸机前机身布置四座座舱,尾部安装有巨大的后掠垂尾,垂尾根部的背鳍一直向前延伸至机身中部。全动平尾安装在垂尾下方,位置较高。

B-1 轰炸机上方视角

美国 B-2 "幽灵" 轰炸机

B-2 是目前世界上唯一的隐身战略轰炸机,绰号"幽灵"(Spirit)。

Chapter 03 轰炸机

研发历史

1981年10月20日,诺斯洛普/波音团队打败洛克希德/洛克威尔团队,赢得先进技术轰炸机(Advanced Technology Bomber,ATB)计划,在麻省理工学院科学家协助之下为美国空军研制生产新型轰炸机。1989年7月,B-2原型机首次试飞,之后又经历了军方进行的多次试飞和严格检验,生产厂家还不断根据空军所提出的种种意见而进行设计修改。1997年,B-2轰炸机正式服役。因造价太过昂贵和保养维护复杂的原因,B-2轰炸机至今只生产了21架。

基本参数	
长度	21 米
高度	5.18 米
翼展	52.4 米
乘员	2 人
空重	71700 千克
最大起飞重量	170600 千克
最大速度	764 千米/时
最大航程	10400 千米
最大升限	15000 米

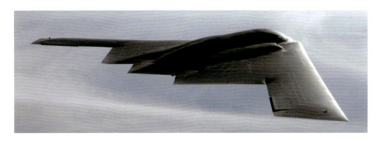

B-2 轰炸机后侧方特写

机体构造

由于B-2轰炸机复杂的气动力特性,与低雷达截面积的特殊要求,它的设计与制造阶段大量的使用当时仍在启蒙阶段的电脑辅助设计跟电脑辅助制造工程。B-2轰炸机的平面图轮廓由12根互相平行的直线组成,机翼前缘与机翼后缘和另一侧的翼尖平行。飞机的中间部位隆起以容纳座舱、弹舱和电子设备。中央机身两侧的隆起是发动机舱,锯齿状进气口布置在飞翼背部,每个发动机舱内安装两台无加力涡扇发动机。翼尖并不是平行于气流方向,而是进行了切尖以平行于另侧机翼前缘。由于飞翼的机翼前缘在机身之前,为了使气动中心靠近重心,也需要将机翼后掠。

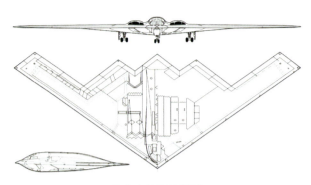

B-2 轰炸机三视图

机载武器

2002年2月，B-2轰炸机增加了使用联合防区外空对地导弹JASSM的能力。外翼段内部的大多数空间被油箱占据，发动机舱之间的机身下方并列布置了两个大型弹舱，每个弹舱可挂载波音研制的先进旋转式挂架，可挂载8枚908千克级弹药，也可安装两个炸弹挂架组件以挂载常规弹药。美国空军称其具有"全球到达"和"全球摧毁"的能力，可在接到命令后数小时内由美国本土起飞，攻击全球大部分的目标区域。

B-2 轰炸机在空中进行加油

电子设备

B-2轰炸机的导航系统最初由两套统组成，每套都可以单独导航，但一起工作时精度会更高。一个是惯性测量单元,另一个是诺斯洛普 NAS-26 天文惯性单元。

B-2A 轰炸机的机载雷达为 AN/APQ-181 相控阵雷达。这种相控阵有 2

B-2 轰炸机前侧方特写

个雷达天线阵列,特点是不需外加旋转或摇摆式天线,只通过信号阵位的改变和组合,可对不同角度和不同方位进行扫描。工作模式共有 21 种,最突出的是合成孔径雷达工作模式和反合成孔径雷达模式。前者主要用于扫描陆地地貌,可清晰地获取 161 千米距离内地表的扫描图像,供飞机对地面目标轰炸时使用;后者则主要用于识别和捕捉海上目标。

服役记录

1999 年,在北约对塞尔维亚的军事行动中,美军多架 B-2 轰炸机由美国本土直飞塞尔维亚,期间共投下 600 多枚联合直接攻击弹药(JDAM),是空战中隐身性与准确性的一大革命。

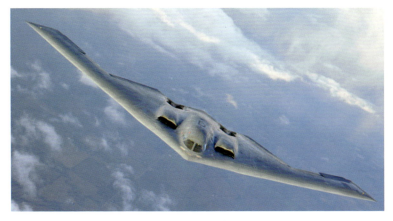

B-2 轰炸机在高空飞行

10秒速识

B-2轰炸机没有垂尾,除了翼尖外,整个外翼段没有锥度,都为等弦长机翼。机身尾部后缘为W形锯齿状,边缘也与两侧机翼前缘平行。

B-2轰炸机正在起飞

美国B-52"同温层堡垒"轰炸机

B-52是波音公司研制的一款战略轰炸机,绰号"同温层堡垒"(Stratofortress)。

Chapter 03 轰炸机

研发历史

B-52 轰炸机是美国战略轰炸机中唯一可以发射巡航导弹的机种，于 1948 年提出设计方案，1952 年第一架原型机首飞，1955 年批量生产型开始交付使用，先后发展了 B-52A、B-52B、B-52C、B-52D、B-52E、B-52F、B-52G、B-52H 等型别。由于 B-52 轰炸机的升限最高可处于地球同温层，所以被称为"同温层堡垒"。1962 年，B-52 轰炸机停止生产，前后一共生产了 744 架。

B-52 轰炸机服役时间极长，时至今日已经超过半个世纪，但它仍然是美国空军战略轰炸的主力，美国空军还计划让其持续服役至 2050 年。

基本参数	
长度	48.5 米
高度	12.4 米
翼展	56.4 米
乘员	5 人
空重	83250 千克
最大起飞重量	220000 千克
最大速度	1000 千米／时
最大航程	16232 千米
最大升限	15000 米

B-52 轰炸机正在投掷导弹

机体构造

B-52 轰炸机采用低平尾、单垂尾、翼下成对吊装 8 台喷气发动机的布局形式。B-52 轰炸机机身前段为气密乘员舱，中段上部为油箱，下部为炸弹舱，空中加油受油口在前机身顶部。后段逐步变细，尾部是炮塔，其上方是增压的射击员舱。机翼前、后大梁根部采用大螺栓与机身加强框连接。其动力装

123

置为8台普惠TF33-P-3/103涡扇发动机,以两台为一组分别吊装于两侧机翼之下。

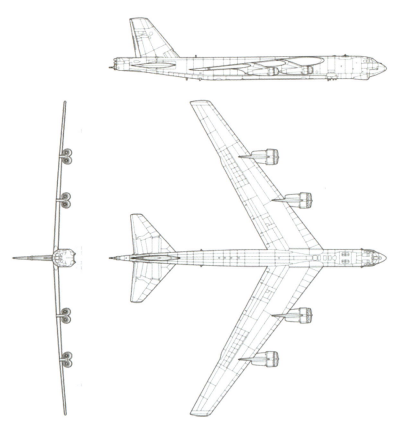

B-52轰炸机三视图

机载武器

B-52轰炸机安装有1门20毫米M61"火神"机炮,另外还可以携带31500千克各型常规炸弹、导弹或核弹,载弹量非常大。Mk 28核炸弹是B-52轰炸机的主战装备,在弹舱内特制的双层挂架上可以密集携带4枚,分两层各并列放置2枚。为增强突防能力,B-52轰炸机还装备了AGM-28"大猎犬"巡航导弹。

Chapter 03 轰 炸 机

B-52 轰炸机及机载武器

电子设备

　　B-52 轰炸机采用的主要攻击电子系统包括 AN/APQ-156 战略雷达、AN/ASQ-175 控制显示器、AN/AYK-17 数字数据显示器、AN/AYQ-10 弹道计算机。导航系统包括 AN/ANS-136 惯性导航系统、AN/APN-224 雷达高度计、AN/ASN-134 航向参考设备、AN/AVQ-22 微光电视光电显示系统、AN/AAQ-6 前视红外显示系统。

　　AN/ARC-210 甚高频/超高频通信系统、AN/ARC-310 高频无线电通信系统是 B-52 轰炸机采用的主要通信系统。

B-52 轰炸机在高空飞行

服役记录

　　在海湾战争中，美国空军装备的 B-52G 轰炸机全程参加了对伊拉克的空袭作战。42 天中总共出动了 1624 架次，投弹 25700 吨，包括 72000 枚炸弹，占美国总投弹量的 29% 和美国空军总投弹量的 38%。

B-52 轰炸机侧下方特写

10 秒速识

B-52 轰炸机的机身结构为细长的全金属半硬壳式，侧面平滑，截面呈圆角矩形。机翼为抗扭盒形结构，左右翼根固定在穿过机身并与之等宽的中央翼段上。

B-52 轰炸机后侧方特写

Chapter 03 轰 炸 机

美国 F-15E "攻击鹰" 战斗轰炸机

F-15E 是麦克唐纳·道格拉斯公司在 F-15 "鹰" 战斗机的基础上改进而来的双座超音速战斗轰炸机，绰号 "攻击鹰"（Stike Eagle）。

研发历史

1981 年 3 月，美国空军发布提升型战术战斗机（Enhanced Tactical Fighter，ETF）计划，以取代 F-111。这个概念要求的是研发一款能够执行远距离、深入敌人战线后方的阻绝任务，并且不需要其他战斗机护航与电子干扰支援。通用动力公司提交的机型是 F-16XL，用以与麦克唐纳·道格拉斯公司的 F-15 衍生型 F-15E 竞争。最后由 F-15E 获选。

F-15E 于 1986 年 12 月首飞，第一架生产型则在 1988 年 4 月交付使用。另外，F-15E 的衍生型也包括以色列的 F-15I、韩国的 F-15K 等。美

基本参数	
长度	19.43 米
高度	5.6 米
翼展	13 米
乘员	2 人
空重	14515 千克
最大起飞重量	36741 千克
最大速度	3060 千米／时
最大航程	4445 千米
最大升限	17000 米

国空军准备以F-22"猛禽"战斗机取代F-15C/D，但尚无预定取代F-15E的机型。F-15E为较新型号，并且被评估有两倍的机体寿命，将能服役至21世纪20年代或更久。

F-15E战斗轰炸机侧方特写

机体构造

F-15E战斗轰炸机在外形上与F-15D基本相同，重新设计了发动机舱以及部分结构，使航程增加了33%。为了增加航程，F-15E加设两个保形油箱，然而它不像传统副油箱可以抛弃，会造成额外的阻力与重量，导致性能降低。

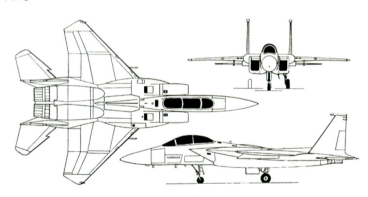

F-15E战斗轰炸机三视图

机载武器

F-15E保留全部空对空作战能力能够使用美国空军大多数的武器，包括 AIM-7 "麻雀"导弹、AIM-9 "响尾蛇"导弹、AIM-120 先进中程空对空导弹等武器进行空战，并且仍装备了 1 门 M61A1 20 毫米机炮。F-15E 执行攻击任务时，在飞向目的地途中仅具备一定的空战能力但在返航途中则可以全力进行空战。

F-15E 战斗轰炸机发射导弹

电子设备

F-15E 的战术电战系统整合了所有的反制手段：雷达警告接收器、雷达干扰器、干扰丝与热焰弹发射器，以获得全面的反搜索与反追踪能力。F-15E 配备了红外线夜间低空导航及瞄准系统，使其能够在夜间及恶劣天气条件下进行低空飞行，并且使用精确制导或无制导武器打击地面目标。F-15E 使用的 APG-70 雷达可以在远距离捕捉到地面目标。在以合成孔径模式扫描过一次地面后，飞行员可以固定住雷达画面并切回空对空模式，在武器官投射对地武器时，仍然能够捕捉、标定空中威胁并进行攻击。

F-15E 战斗轰炸机正在起飞

服役设备

F-15E 在沙漠风暴行动中,完成了上千次的行动,并且以摄影机拍下炸弹攻击的影像。只有两架 F-15E 在战斗中损失,另外有一架在伊拉克战争中损失。

2011 年利比亚内战期间,美军 F-15E 参与了攻击卡扎菲政权的任务,其中 1 架由于发动机故障而坠毁,但飞行员顺利跳伞逃生。

F-15E 战斗轰炸机在空中进行加油

10 秒速识

F-15E 采用气泡状座舱罩,机身进气口位于驾驶舱下面,进气口两侧有保形油箱。该型机采用双垂尾布局,肩部安装有后掠翼。

F-15E 战斗轰炸机进行编队飞行

美国 F-111 "土豚" 战斗轰炸机

F-111 是通用动力公司研制的战斗轰炸机，绰号"土豚"（Aardvark）。

研发历史

F-111 于 1960 年开始研发，1967 年首飞。当时，美国空军的设计需求是一架能够全天候、以低空高速进行远程攻击的战术轰炸机，而海军的需求则是一款能够长时间滞空的舰队防空用拦截机。但是开发中的许多问题导致舰载拦截机版本的设计（F-111B）未能实现，F-111 最后仅为空军采用。之后 F-111 成为了纯粹的空军型飞机。先后有 A、B、C、D、E、F、K 和 FB-111A 等主要战斗型别，总共生产了 562 架。F-111 是通用动力公司研制的超音速战斗轰炸机，也是世界上最早的实用型变后掠翼飞机。

基本参数	
长度	22.4 米
高度	5.22 米
翼展	19.2 米
乘员	2 人
空重	21537 千克
最大起飞重量	44896 千克
最大速度	2655 千米／时
最大航程	6760 千米
最大升限	20100 米

F-111 战斗轰炸机在高空飞行

机体构造

F-111 拥有诸多当时的创新技术，包含几何可变翼、后燃器、涡轮扇发动机和低空地形追踪雷达。F-111 采用了双座双发、上单翼和倒 T 形尾翼的总体布局形式，起落架为前三点式。最大特点是采用了变后掠机翼，这是该技术首次应用于实用型飞机。F-111 机身为半硬壳金属结构，基本结构材料为铝合金，蒙皮为蜂窝夹层壁板。在载荷集中和高温部位采用了合金钢和钛合金。F-111 安装 2 台 TF30-P-3 加力涡轮风扇发动机。

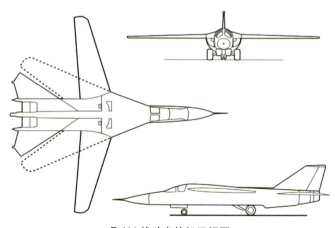

F-111 战斗轰炸机三视图

机载武器

F-111 配有 1 门 M61 型 6 管机炮，备弹 2000 发；机身弹舱长 5 米，可带 1360 千克重的炸弹；翼下共有 8 个外接架（有的型号为 6 个）。在后掠角 26 度时最多可带 50 颗 340 千克的炸弹或 26 颗 454 千克的炸弹，除此之外还可携带导弹或核弹，最大载弹量 8 吨多。

F-111 战斗轰炸机进行编队飞行

电子设备

从第一架 F-111A 问世到 1982 年，其先后进行重大改进 14 项，耗资 2.4 亿美元；1985 年美国空军又决定拨款 11 亿美元，用于对 380 架 F-111 进行改进（包括改进项目包括攻击雷达、地形跟踪系统、惯导系统、控制及显示装置等）。F-111 常用的通信系统包括 AIC-26 机内通话设备、ARC-123 及 ARC-164 无线电通信设备。导航系统包括 AJN-16 惯性导航系统、ARN-84 塔康导航系统、RN-58 全向无线电信标、FC-11 飞行控制系统等。火控雷达有 APQ-146 雷达、APQ-161 攻击雷达以及 ASG-27 光学瞄准具等。

F-111 战斗轰炸机投掷炸弹

服役记录

在 1986 年 4 月 14 日夜美军轰炸利比亚的行动中,莱肯希思第 48TFW 的 24 架 F-111F 作为先锋使用激光制导炸弹轰炸了的黎波里的目标。

海湾战争期间,F-111F 总共完成了 664 架次轰炸任务,所出动的 F-111F,全部安全返回了基地,无一受损,精确攻击能使飞机在执行轰炸任务时使用较小的弹头。之所以能有这样的战绩,是因为飞机具有能给目标以致命打击的精制导武器、红外瞄准吊舱、大载弹量和长时间留空的巡航能力。

F-111 战斗轰炸机及装载的炸弹

Chapter 03 轰炸机

10秒速识

F-111的变形机翼安装在机身中部,采用气泡状座舱罩,机头宽大而光滑。尾翼采用普通悬臂后掠尾翼。

F-111战斗轰炸机前侧方特写

俄罗斯图-22M"逆火"轰炸机

图-22M是图波列夫设计局研发的一款长程战略轰炸机,北约代号"逆火"(Backfire)。

135

研发历史

图-22M 轰炸机的前一型号图-22"眼罩"轰炸机是苏联第一种超音速轰炸机,性能和航程不是非常令人满意,飞机加满油和导弹后,根本无法进行超音速飞行,就算到达目标附近时其速度达到了 1.5 马赫,也无法有效规避当时北约的战机和防空导弹的拦截。因此,俄军对此轰炸机并不满意,只是少量装备,并责成各设计局开发下一代超音速轰炸机来取代图-16 和图-22。1967 年 11 月,图波列夫设计局的方案被选中,其最终成果就是图-22M 轰炸机。该机于 1969 年 8 月首次试飞,1972 年正式服役。该机是目前世界上列装的轰炸机中飞行速度最快的一种,有着无可比拟的巨大威慑力,至今仍是俄罗斯轰炸机部队的主力机型之一。

基本参数	
长度	42.4 米
高度	11.05 米
翼展	34.28 米
乘员	4 人
空重	58000 千克
最大起飞重量	126000 千克
最大速度	2327 千米/时
最大航程	7000 千米
最大升限	13300 米

图-22M 轰炸机前侧方特写

机体构造

图-22M 最大的特色在于变后掠翼设计,低单翼外段的后掠角可在 20~55 度调整,垂尾前方有长长的脊面。内部弹舱容积较小,机翼承力梁占去很大空间,另外大部分空间需要用来装燃油。从机翼前缘翼根线向前,机身被分为前轮舱、主电子设备舱,再往前是增压的驾驶舱,舱内前后并列共有 4 名机组人员。图-22M 轰炸机的动力装置为两台并排安装的大推力发动机，其中图-22M2 型使用的是 HK-22 涡扇发动机，图-22M3 型则使用 HK-25 涡扇发动机。起落架可收放前三点式，主起落架为多轮小车式，每侧主起落架有串置排列的三对机轮，其中有一对与后两对的间距要大一些，主起落架向内收入机腹内。

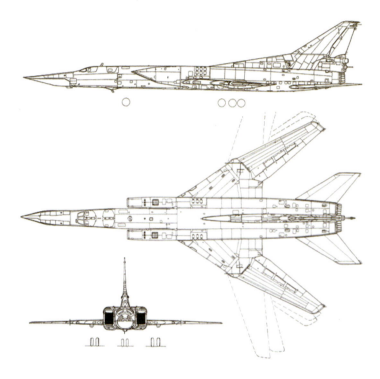

图-22M 轰炸机三视图

机载武器

图-22M 轰炸机武器弹舱内挂架可载苏联各型自由落体武器，该机安装有 1 门 23 毫米双管机炮，机翼和机腹下可挂载 3 枚 Kh-22 空对地导弹，机身武器舱内有旋转发射架，可挂载 6 枚 RKV-500B 短距攻击导弹，也可挂载各型精确制导炸弹，如 69 枚 FAB-250 炸弹或 8 枚 FAB-1500 炸弹。

图-22M 轰炸机进行编队飞行

电子设备

图–22M 轰炸机的机载设备较新,包括具有陆上和海上下视能力的远距探测雷达,除此之外,还安装有轰炸导航雷达、SRZO–2 敌我识别器、"警笛"3 全向警戒雷达、23 毫米尾炮用的火控雷达、多普勒导航和计算系统以及普通仪表,如无线电罗盘、无线电高度表和仪表着陆系统等。

图-22M 轰炸机后方特写

服役记录

冷战期间，图-22M 轰炸机在苏联空军担任战略轰炸机的角色。在苏联海军则用于长程反舰。美国海军和空军很担心此机的威胁，投入大量经费研发对策。图-22M 轰炸机第一次实战于 1987—1989 年用于阿富汗战场。

装备俄罗斯空军的图-22M 轰炸机

10 秒速识

图-22M 轰炸机的机身为普通半硬壳结构，机翼前的机身截面为圆形，机翼掠动段的前缘有全翼展前缘缝翼，后缘有较小的副翼。

图-22M 轰炸机正在起飞

俄罗斯图-95"熊"轰炸机

图-95是图波列夫设计局研制的一款长程战略轰炸机,北约代号"熊"(Bear)。

研发历史

图-95轰炸机于1951年开始研制,1954年第一架原型机首次试飞,首批生产型于1956年开始交付使用。早期型生产300多架,除了作为战略轰炸机之外,还可以执行电子侦察、照相侦察、海上巡逻反潜、通信中继等任务。20世纪80年代中期,图-95轰炸机又进行了大幅改进并恢复生产,即图-95MS轰炸机。自服役至今,图-95轰炸机已走过了60年的历史,堪称军用飞机中的"老寿星"。这主要是因为它的体积与滞空能力形成了多种不同的功能性,以轰炸机的角度而言,图-95稍作修改便可做不同功能用途,如运输机、侦察机,甚至是军用客机。

基本参数	
长度	49.5 米
高度	12.12 米
翼展	54.1 米
乘员	6～7 人
空重	90000 千克
最大起飞重量	188000 千克
最大速度	925 千米/时
最大航程	15000 千米
最大升限	12000 米

Chapter 03　轰炸机

图-95 轰炸机在高空飞行

机体构造

图-95 轰炸机采用后掠机翼，机翼上安装了 4 台涡轮螺旋桨发动机，每台发动机驱动两个大直径四叶螺旋桨。机身前段有透明机头罩、雷达舱、领航员舱和驾驶舱。驾驶舱上方有一个圆形透明罩，供领航、操纵员观察用，可进行天文导航和操纵后机身上方的炮塔。后期改进型号取消了透明机头罩，改为安装大型火控雷达。机翼穿过机身中段，机翼后是弹舱。尾段上装有尾部炮塔。尾翼采用悬臂式全金属结构，垂直和水平安定面都具有后掠角，平尾安装角可调，均由液压操纵。起落架为前三点式，前起落架有两个机轮，并列安装。图-95 轰炸机的动力装置为 4 台 NK-12 涡轮螺旋桨发动机，单台功率为 11000 千瓦。

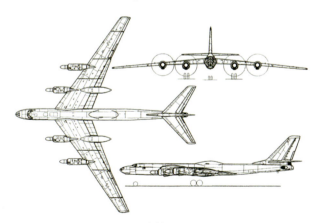

图-95 轰炸机三视图

机载武器

图-95轰炸机在机身后上方有安装了2门23毫米机炮或1门30毫米机炮的炮塔，机身腹部有2门机炮的炮塔。位于机身中段下部的弹舱最多可装载15～25吨各种常规炸弹。正常载弹量为10吨，也可装载水雷、鱼雷、无线电遥控炸弹和核弹。

图-95轰炸机底部特写

电子设备

图-95轰炸机机头安装有РБП-4型轰炸瞄准雷达，后来改用РБП-6型。该雷达为自动调频，改变频率的时间不超过4秒钟，可用于领航（与地面导航台配套）、轰炸和敌我识别询问应答。在受天气影响或受到干扰时，可与光学瞄准具交联使用来记录、侦听和照相，也可以与自动驾驶仪、计算机交联使用，按预定方案自动投弹。电子侦察设备安装在弹舱内，天线集中于腹部或机头下的大鼓包里，可记录、侦听和照相。有时还安装有"卡里"式电视侦察设备，可将地面情况用无线电传送回指挥部，作用距离约250千米。

Chapter 03 轰炸机

图-95 轰炸机侧方特写

服役记录

  1961 年 10 月 30 日早上 11 时 32 分，苏联在北冰洋新地岛群岛试爆了第一颗全世界有史以来最大的核武器：沙皇炸弹。执行这次试爆任务的飞机是一架图–95V 轰炸机，另外有一架图–16"獾"式轰炸机作为观测机。由于"沙皇炸弹"过于庞大，弹体重达 27 吨，长度为 8 米，最大直径为 2 米，所以图–95V 轰炸机必须将机体内的燃油槽与机腹炸弹舱门移除才能执行任务。

图-95 轰炸机前侧方特写

10 秒速识

图-95 轰炸机机身为半硬壳式全金属结构，截面呈圆形。机身细长，翼展和展弦比都很大，平尾和垂尾都有较大的后掠角。

图-95 轰炸机正在起飞

俄罗斯图-160"海盗旗"轰炸机

图-160 是图波列夫设计局研发的一款长程战略轰炸机，北约代号"海盗旗"（Blackjack）。

Chapter 03 轰炸机

研发历史

20 世纪 70 年代，美国提出了 B-1 "枪骑兵" 轰炸机的制造计划，得知此消息后，苏联方面也不甘落后，开始筹划类似"枪骑兵"的新型轰炸机。随后，图波列夫设计局在参考了"枪骑兵"轰炸机的设计后，融合自身的先进技术设计出了图-160 "海盗旗" 轰炸机。该机于 1981 年首次试飞，1987 年正式服役。

基本参数	
长度	54.10 米
高度	13.1 米
翼展	55.70 米
乘员	4 人
空重	118000 千克
最大起飞重量	275000 千克
最大速度	2000 千米／时
最大航程	12300 千米
最大升限	15000 米

图-160 轰炸机与美国 B-1B "枪骑兵" 轰炸机非常相似，它是苏联解体前最后一个战略轰炸机计划，同时是世界各国有史以来制造的最重的轰炸机。在 1989—1990 年，图-160 轰炸机打破了 44 项世界飞行纪录。

图-160 轰炸机进行航展表演

机体构造

与美国 B-1 轰炸机相比，图-160 轰炸机的体型要大出将近 35%。该型机可变后掠翼在内收时呈 20 度角，全展开时呈 65 度角。襟翼后缘加上了双重稳流翼，可以减少翼面上表面与空气接触的面积，降低阻力。除了可变后掠翼之外，还具备可变式涵道，以适应高空高速下的进气方式。由于体积庞大，图-160 轰炸机驾驶舱后方的成员休息区中甚至还设有一个厨房。

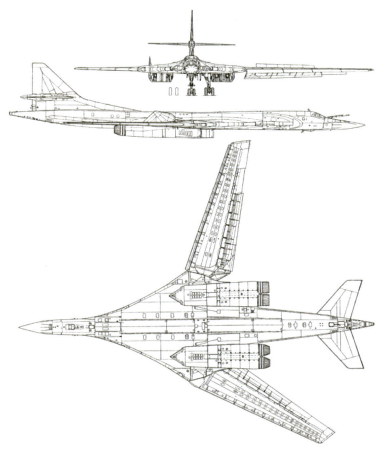

图-160 轰炸机三视图

机载武器

图-160 轰炸机没有安装固定武器，弹舱内可载自由落体炸弹、短距攻击导弹或巡航导弹等武器。该机的作战方式以高空亚音速巡航、低空高亚音速或高空超音速突防为主。在高空时，可发射具有火力圈外攻击能力的巡航导弹。进行防空压制时，可发射短距攻击导弹。另外，该机还可低空突防，使用核炸弹或导弹攻击重要目标。

图-160 轰炸机底部特写

电子设备

图–160 安装有齐备的火控、导航系统,有能够在远距离预先发现地面和海上目标的预警雷达。此外还安装了光电瞄准具、地形跟踪系统、主动/被动的电子对抗系统和空中加油系统等。

图-160 轰炸机在空中进行加油

服役记录

苏联解体前,大部分图-160轰炸机布置在乌克兰境内。据报道,乌克兰从1999年底开始将8架图-160轰炸机交给俄罗斯,用于抵偿欠俄罗斯的外债,另外附带3架图-95MC轰炸机和相关地面设施,还有575枚巡航导弹。此外,俄罗斯还在缓慢生产新的图-160轰炸机。2008年1月22日两架图-160在飞往比斯开湾的途中遭到挪威空军以及英国皇家空军拦截。

图-160轰炸机侧方特写

10秒速识

图-160轰炸机最显著的特点是采用翼身融合设计,机翼为变后掠翼,采用十字形尾翼。

图-160轰炸机在高空飞行

俄罗斯苏-24"击剑手"战斗轰炸机

苏-24是苏霍伊设计局设计的一款双座战斗轰炸机,北约代号"击剑手"(Fencer)。

研发历史

苏-24战斗轰炸机的发展可追溯到1964年,当时苏霍伊提供了两种设计,分别为固定翼和可变后掠翼。固定翼的原型机于1967年6月率先试飞,而变后掠翼的原型机则于1970年1月首飞。在多次修改后,定型生产的苏-24于1974年1月进行首飞。苏-24是冷战时期苏联空军最有效的远程战术攻击机,也是俄罗斯空军现役的主力战机之一,其主要战术使命是深入敌境,攻击敌陆军集结部队或空军基地。

基本参数	
长度	22.53 米
高度	6.19 米
翼展	17.64 米
乘员	2 人
空重	22 300 千克
最大起飞重量	43 755 千克
最大速度	1315 千米/时
最大航程	2775 千米
最大升限	11000 米

苏-24战斗轰炸机在高空飞行

机体构造

苏-24采用两侧进气,并列双座,2名飞行员均拥有良好的前方视野。座舱宽1.65米,内装K-36型弹射座椅,舱盖从中间一分为二,均向后开启。机翼从翼根开始有下反角,外翼段为全金属结构,机翼又有全翼展前缘缝翼及两段后缘双缝襟翼,襟翼前面带有差动扰流板,低速时可控制横滚,着陆时作为阻力板。机身为全金属半硬壳式结构,两侧的进气道截面积较小,进气口处有向前延伸的附面层隔板,进气道斜板可调节,并设有辅助进气门,在低速飞行时打开。起落架为双轮可收放前三点式,前起落架向后收入机身,前轮有挡泥板,主起落架采用八字形起落架,配备连杆式减震器,低压轮胎,因此苏-24能在一般的野战机场起落。

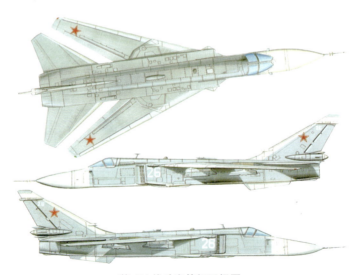

苏-24战斗轰炸机三视图

机载武器

苏-24作为一种重视对地攻击的战斗轰炸机,在战术使用上强化了低空高速突防作战的能力,并且也是苏联空军第一个采用并列双座布局的战机型号。苏-24安装有两门30毫米机炮,机上有8个挂架,正常载弹量为5000千克,最大载弹量为7000千克。

苏-24战斗轰炸机进行编队飞行

电子设备

苏-24是苏军第一种装备计算机轰炸瞄准系统和地形规避系统的飞机,整体导航/火控系统被称为PNS-24,可实现地形跟踪、武器制导、目标搜索和指示、投弹、雷达告警和反辐射导弹压制以及自动/半自动驾驶。该系统可在各种气象条件下使用,依靠地形跟踪系统,可保证飞机在200米低空以1320千米/时的速度进行低空突防,极大地提高了飞机的生存能力。

苏-24战斗轰炸机正在起飞

服役记录

苏–24 曾经出现在阿富汗战场,它们凭借航程远的优点,携带普通炸弹由苏联本土起飞,对阿富汗抵抗组织据点进行中空(约 5 500 米)轰炸。由于此高度已超过"毒刺"导弹的有效射程,因此在阿富汗战场上没有损失。

伊拉克在两伊战争期间获得了 24 架苏–24MK,但在 1991 年的海湾战争爆发后,为躲避多国部队的空袭,伊拉克飞行员驾驶苏–24MK 全部逃到了伊朗,现已装备伊朗空军。

苏-24 战斗轰炸机侧下方特写

10 秒速识

苏–24 机身细长,机翼包括三角形的固定翼盒与活动翼段,活动翼的转轴点靠近机身。后机身的侧下方有一对腹鳍。

苏-24 战斗轰炸机上方视角

Chapter 03 轰炸机

俄罗斯苏-34"鸭嘴兽"战斗轰炸机

苏-34是苏霍伊设计局研制的一款双发重型战斗轰炸机,北约代号"鸭嘴兽"(Fullback)。

研发历史

苏-34双发重型战斗轰炸机的最早型号为代号苏-27IB试验机。1990年苏-27IB的设计基本结束,1990年4月13日,苏-27IB的第一架试验样机——1架苏-27UB改装的T10V-1进行了首飞。1994年1月6日,《消息报》首次发表了一篇名为《前线轰炸机苏-34》的文章,这使苏-27IB的军方正式编号——苏-34首次被为外界所知。

基本参数	
长度	23.34 米
高度	6.09 米
翼展	14.7 米
乘员	2 人
空重	14000 千克
最大起飞重量	45100 千克
最大速度	2200 千米／时
最大航程	4000 千米
最大升限	15000 米

1995年俄罗斯决定在当年的巴黎航展上展出苏-34,该机以苏-32FN的出口名称参加了巴黎航展。1999年,在莫斯科航展上该机采用了新的编号——苏-32MF,表示它是一种多用途作战飞机而不只是"海军战斗机"。2006年7月27日,俄罗斯西伯利亚契卡洛夫航空生产联合体为俄国防部生产出首架最现代化的苏-34机身。第一架生产型苏-34前线轰炸机于当年10月12日成功完成首次试飞。

苏-34战斗轰炸机底部特写

机体构造

苏-34机头采用并列双座设计,形状扁平状似鸭嘴。另外,其起落架也作了修改,前起落架为并列双轮,主起落架则是串列双轮。苏-34机舱宽阔,飞行员可以用多种姿势驾驶飞机,大大降低了飞行员的身体负荷。驾驶舱内氧气供应充足,舱内压力波动小,飞行员可以像驾驶客机一样不用戴氧气面罩,这给飞行员操作创造了更加便利的条件。为了更好地完成轰炸任务,该机在座舱外加装了厚达17毫米的钛合金装甲。

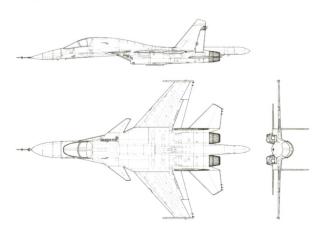

苏-34战斗轰炸机三视图

机载武器

苏–34 有多达 12 个外挂，可挂载大量导弹、炸弹和各类荚舱，具有多任务能力。其可投放系列制导炸弹、空对地导弹、空对舰导弹、子母弹、反坦克弹药、杀伤炸弹等，可对地面、海面实施攻击轰炸，比普通轰炸精确度高出 4 倍。它可发射超音速反舰空射导弹，速度快、弹头威力极大。在对空作战中，可发射近、中距空空导弹，拦截敌方巡航导弹及飞机。其中 R – 77 空对空导弹是俄第一种具有发射后不用管和多目标攻击能力的中距空空导弹。

苏 -34 战斗轰炸机侧方特写

电子设备

苏–34 配备有最新型火控雷达，装备了光电火控系统以及红外前视系统观瞄吊舱，具有全天候作战能力。尾部安装有一个后视雷达，当敌机或导弹接近机尾时向飞行员发出警告信号，还能引导机载空对空导弹实施向后攻击。

苏 -34 战斗轰炸机在高空飞行

服役记录

2006年12月12日，俄罗斯空军宣布正式列装首批共2架苏-34多功能战斗轰炸机。此次交付使用的2架苏-34编号为"01"号和"02"号。2020年，俄空军将列装200架苏-34战斗轰炸机。

苏-34战斗机前方特写

10秒速识

苏-34机头采用了并列双座设计，形状扁平状似鸭嘴。采用双垂直尾翼，尾锥位于两个尾喷管中间。

苏-34战斗轰炸机翼面特写

英国"勇士"轰炸机

"勇士"(Valiant)是英国维克斯·阿姆斯特朗公司研制的战略轰炸机。

研发历史

1947年1月,英国空军部向英国各大飞机制造商发出了方案征集邀请,目标是研发一种可以和美国、苏联所拥有的同类型战机相媲美的喷气式中程轰炸机。由于汉德利·佩季公司和阿芙罗公司两家提出的方案难分伯仲,于是就作为双保险被一并采纳,这就是日后鼎鼎大名的"3V 轰炸机"中的两位主力成员:"胜利者"轰炸机和"火神"轰炸机。

基本参数	
长度	32.99 米
高度	9.8 米
翼展	34.85 米
乘员	5 人
空重	34491 千克
最大起飞重量	63600 千克
最大速度	913 千米／时
最大航程	7245 千米
最大升限	16500 米

然而,另一家竞争者维克斯·阿姆斯特朗公司却不甘心就此放弃,其首席设计师乔治·爱德华兹向英国空军部承诺,维克斯·阿姆斯特朗公司能够在1951年交付原型机,1953年就可以投入批量生产。在更先进的轰炸机服役之前,维克斯·阿姆斯特朗公司完全可以帮助英国空军渡过难关。于是,在"胜利者"轰炸机和"火神"轰炸机之外,英国又有了第三种用途基本相同的轰炸机——"勇士"轰炸机。第一架生产型"勇士"轰炸机于1953年12月首次试飞,1955年1月交付英国空军使用。

"勇士"轰炸机侧方特写

机体构造

"勇士"轰炸机采用悬臂式上单翼设计,在两侧翼根处各安装有两台"埃汶"发动机。该机的机翼尺寸巨大,所以翼根的相对厚度被控制在12%,以利于空气动力学。"勇士"轰炸机的机组成员为5人,包括正副驾驶、2名领航员和1名电子设备操作员。所有的成员都被安置在一个蛋形的增压舱内,不过只有正副驾驶员拥有弹射座椅,所以在发生事故或被击落时,其他机组成员只能通过跳伞逃生。

"勇士"轰炸机三视图

机载武器

"勇士"轰炸机可以在弹舱内挂载1枚4500千克的核弹或者21枚450千克常规炸弹。此外,它还可以在两侧翼下各携带1个7500升的副油箱,用于增大飞机航程。

"勇士"轰炸机准备起飞

电子设备

"勇士"轰炸机安装有 AN/APT-16A、AN/ALT-7、"空中雪茄"和"地毯"干扰发射机，AN/APR-4 和 AN/APR-9 雷达截获接收机以及干扰箔条发射器。

"勇士"轰炸机参与航展

服役记录

1956 年 10 月 11 日，英国空军第 49 中队的一架"勇士"轰炸机在澳大利亚马拉林加靶场上空投下了 1 枚 3000 吨当量的"蓝色多瑙河"核弹，核弹在约 230 米高度成功起爆，英国核武器的第一次空投试验宣告成功，"勇士"也因此被载入史册。

"勇士"轰炸机曾经与"火神"轰炸机和"胜利者"轰炸机一起构成英国战略轰炸机的三大支柱，合称"3V 轰炸机"。

"勇士"轰炸机机头特写

10秒速识

"勇士"轰炸机机翼前缘弯曲，内侧三分之一的翼段后掠角是45度，外侧翼段的后掠角是24度。翼载相对较低，尾翼呈十字形，水平尾翼的安装位置较高。

"勇士"轰炸机局部特写

英国"火神"轰炸机

"火神"(Vulan)是英国霍克·西德利公司研制的中程战略轰炸机。

研发历史

"火神"轰炸机起源于 1947 年英国空军部的高空远程核打击轰炸机招标,当时阿芙罗公司提交了 698 型方案。由于 698 型符合英国空军部的要求,双方在 1947 年签订了研制合同,内容包括制造 1 架模型机、几架试验机以及两架原型机。1952 年 8 月,"火神"轰炸机第一架原型机首次试飞。1956 年夏季,"火神"轰炸机生产型投入使用。

基本参数	
长度	29.59 米
高度	8 米
翼展	30.3 米
乘员	5 人
空重	37144 千克
最大起飞重量	77111 千克
最大速度	1038 千米／时
最大航程	4171 千米
最大升限	17000 米

"火神"轰炸机是英国空军在二战后装备的三种战略轰炸机之一,也是世界上最早的三角形机翼轰炸机。该机是 20 世纪 60 年代英国战略打击力量的中坚,直到 20 世纪 70 年代还肩负核打击使命。

"火神"轰炸机在高空飞行

机体构造

"火神"轰炸机采用无尾三角翼气动布局,是世界上最早的一种三角翼轰炸机。4台"奥林巴斯"301型喷气发动机安装在翼根之内,进气口开在翼根前缘。该机拥有面积很大的一副悬臂三角形中单翼,基本前缘后掠角50度,但随展向不同位置,后掠角呈一定程度的变化。座舱内坐有正副驾驶员、电子设备操作员、雷达操作员和领航员,机头下有投弹瞄准镜。前三点起落架可收入机体内,主起落架为四轮小车型。

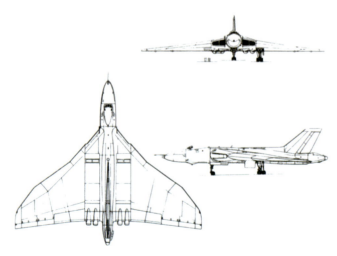

"火神"轰炸机三视图

机载武器

"火神"轰炸机的机腹内有一个长 8.5 米的炸弹舱,其首要任务是核打击,当然也能实施常规轰炸,通常的挂载方案是 21 枚 450 千克炸弹,挂载在弹舱内的三个串列挂架上,投弹时交错投放以保持重心平衡。执行核打击任务时,"火神"轰炸机可挂载"蓝色多瑙河""紫罗兰俱乐部""黄日"和"红胡子"等核弹。

"火神"轰炸机底部特写

电子设备

"火神"轰炸机采用的电子设备包括围绕着 1 台机电模拟计算机设计的导航/攻击系统、"绿锻"多普勒导航雷达、无线电罗盘、无线电高度表、Gee III 远程无线电导航系统接收机、T.4"蓝魔"光学瞄准具、无线电、敌我识别器、仪表着陆系统以及 1 个用于拍摄每次任务成果的轰炸照相机。

"火神"轰炸机前方特写

服役记录

1982年4月英阿马岛战争爆发，英国空军第101中队的5架"火神"轰炸机参加了"黑羊行动"，这次行动极为疯狂，"火神"轰炸机从大西洋中部的阿森松岛怀德阿威克机场起飞轰炸马岛。尽管"黑羊行动"并没有对敌军造成什么实质性的损失，但"火神"轰炸机发挥了巨大的恐吓和牵制作用，被认为是英军获得最终胜利的重要因素之一。

"火神"轰炸机进行飞行表演

10秒速识

"火神"轰炸机的垂尾较大，没有平尾。机身断面为圆形，机头有一个较大的雷达罩，上方是突出的座舱顶盖。

"火神"轰炸机后侧方特写

英国"胜利者"轰炸机

"胜利者"(Victor)是英国汉德利·佩季公司研制的战略轰炸机。

研发历史

基本参数	
长度	35.05 米
高度	8.57 米
翼展	33.53 米
乘员	5 人
空重	40468 千克
最大起飞重量	93182 千克
最大速度	1009 千米／时
最大航程	9660 千米
最大升限	17000 米

汉德利·佩季公司曾在二战中成功推出"哈利法克斯"轰炸机。战争结束后,汉德利·佩季公司开始将目光投向新式的先进轰炸机,英国空军部对此颇感兴趣。1949年,英国空军部与汉德利·佩季公司签订了原型机研制合同,共制造了2架原型机。在汉德利·佩季公司内部,最初的设计编号为HP.75,后发展成HP.80,最后定名为"胜利者"轰炸机。该机于1952年12月24日首次试飞,1958年4月开始服役。按照1963年的市值,"胜利者"轰炸机的单位造价约40万英镑。

"胜利者"轰炸机侧方特写

机体构造

"胜利者"轰炸机采用月牙形机翼和高平尾布局,四台发动机安装于翼根,采用两侧翼根进气。该机的动力装置为4台阿姆斯特朗"蓝宝石"发动机,单台推力为49.27千牛。由于机鼻雷达占据了机鼻下部的非密封隔舱,座舱一直延伸到机鼻,提供了更大的空间和更佳的视野。该机的机身采用全金属半硬壳式破损安全结构中。部弹舱门用液压开闭,尾锥两侧

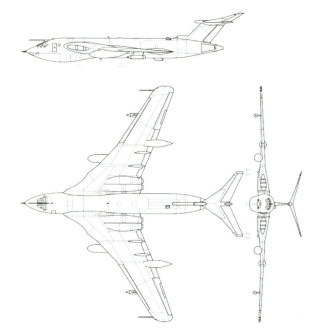

"胜利者"轰炸机三视图

是液压操纵的减速板。尾翼为全金属悬臂式结构,采用带上反角的高平尾,用以避开发动机喷流的影响。垂尾和平尾前缘均用电热除冰。

机载武器

作为"3V 轰炸机"中最后服役的型号,"胜利者"轰炸机的弹舱容积比"勇士"轰炸机和"火神"轰炸机更大,提供了更好的传统武器搭载能力与特殊弹药搭载弹性。"胜利者"轰炸机没有固定武器,可在机腹下半埋式挂载 1 枚"蓝剑"核导弹或在弹舱内装载 35 枚 454 千克常规炸弹,也可在机翼下挂载 4 枚美制"天弩"空对地导弹(机翼下每侧 2 枚)。

"胜利者"轰炸机前侧方特写

电子设备

"胜利者"轰炸机机头内安装有雷达,尾锥内装有电子对抗装置。机内装有雷达制图仪、F.96MK2 昼间用侦察摄影机、F.89MK3 夜用侦察摄影机、F.49MK4 空中测量用摄影机等设备。

"胜利者"轰炸机正在降落

服役记录

"胜利者"轰炸机在海湾战争中表现优异,共完成了 299 次任务,成功率达100%。1993年10月15日，最后一个"胜利者"机队被解散。飞机除了少部分入库封存外，大都难逃被肢解的厄运。从诞生到退役，"胜利者"轰炸机共生产了86架，包括2架原型机，5架幸存，其中只有4架被妥善保管。

"胜利者"轰炸机在高空飞行

10秒速识

"胜利者"机身采用全金属半硬壳结构，月牙形机翼，每侧机翼有8块承力翼肋。内侧后缘装有富勒式襟翼，外翼前缘系装前缘襟翼，后改为固定的下垂前缘。

"胜利者"轰炸机局部特写

法国"幻影Ⅳ"轰炸机

"幻影Ⅳ"（Mirage Ⅳ）是达索公司研制的一款超音速战略轰炸机。

研发历史

1956年，法国为建立独立的核威慑力量，在优先发展导弹的同时，也由空军负责组织研制一种能携带原子弹执行核攻击的轰炸机。南方飞机公司和达索航空公司展开了竞争，前者推出了轻型轰炸机"秃鹰Ⅱ"的改进型"超秃鹰4060"轰炸机，后者研制"幻影Ⅲ"战斗机的发展型"幻影Ⅳ"轰炸机。法国空军最后选中了"幻影Ⅳ"轰炸机，该机于1959年6月17日首次试飞，1964年10月1日开始服役。

基本参数	
长度	23.49 米
高度	5.4 米
翼展	11.85 米
乘员	2 人
空重	14500 千克
最大起飞重量	33475 千克
最大速度	2340 千米／时
最大航程	4000 千米
最大升限	20000 米

"幻影Ⅳ"轰炸机侧方特写

机体构造

"幻影Ⅳ"轰炸机沿用了"幻影"系列传统的无尾大三角翼的布局，机身前段为气密式串列驾驶舱，驾驶员在前，领航兼轰炸员在后，座椅为独立式弹射型，机身前端下方是前起落架舱，起落架为液压收放前三点式，前起落架为双轮，可操纵转向，向后收入机身。主起落架采用液－气减震四轮小车式，可向内收入机身。机身中段为油箱，机身后段安装有两台涡轮喷气发动机。

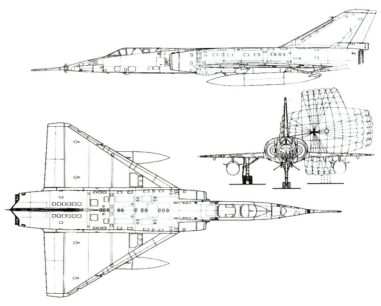

"幻影Ⅳ"轰炸机三视图

机载武器

"幻影Ⅳ"轰炸机主要用于携带核弹或核巡航导弹高速突破防守，攻击敌方战略目标。"幻影Ⅳ"轰炸机基本型的主要武器为半埋在机腹下的1枚AN-11、AN-22核弹或16枚454千克常规炸弹，或1枚ASMP空对地核打击导弹。

"幻影Ⅳ"轰炸机进行编队飞行

电子设备

"幻影Ⅳ"轰炸机原来安装在机腹的汤姆逊-CSF公司的DR-AA8A雷达被改装为该公司生产的ARCANA脉冲多普勒雷达，并加装了双余度

"幻影Ⅳ"轰炸机后方特写

惯导系统，使导航及搜寻能力得到改善。另外一些改进的电子设备包括：在外侧机翼下鼓舱内及后机身上部舱内装汤姆逊-CSF公司的Seval雷达报警接收机及天线；左机翼外侧挂架挂1个汤姆逊-CSF公司的TMV105 BAREM自卫干扰吊舱，右机翼外侧挂架挂1个BOZ-103干扰物投放吊舱。

服役记录

自1979年起"幻影Ⅳ"开始装备ASMP中距空地核导弹,改进型被命名为"幻影Ⅳ"P,目前"幻影Ⅳ"P与同样带ASMP核导弹的"幻影"2000N担负着法国空军的战略轰炸任务。作战中"幻影Ⅳ"将得到KC-135加油机的支援。

博物馆中的"幻影Ⅳ"轰炸机

10秒速识

"幻影Ⅳ"轰炸机机身为全金属半硬壳式结构,机翼为全金属结构的悬臂式三角形中单翼,前缘后掠角60度,主梁与机身垂直,后缘处有两根辅助梁,与前缘大致平行。

停放在跑道上的"幻影Ⅳ"轰炸机

Chapter 04
攻击机

　　攻击机是作战飞机的一种，主要用于从低空、超低空突击敌战术或浅近战役纵深的目标，直接支援地面部队作战。为了提高生存力，一般在其要害部位有装甲防护。

美国 A-4 "天鹰" 攻击机

A-4 是美国道格拉斯飞机公司设计的一款单座舰载攻击机,绰号"天鹰"(Skyhawk)。

研发历史

20 世纪 50 年代,美军战斗机的重量不断上涨,为了扭转这个趋势,道格拉斯公司的首席设计师爱德华·海尼曼博士专门成立了一个研究团队。他们提出了一种十分大胆的仅 3175 千克重的喷气式战斗机,1952 年 1 月将初步研究成果提交给了美国海军航空署。美国海军表现出了兴趣,但是手头已经有了好几个战斗机项目,于是建议道格拉斯公司将同样的设计思想用于研制一种舰载攻击机。两周后,海尼曼团队就完成了研究,并且性能指标大大超过了海军的要求。

1952 年 2 月,道格拉斯公司通过了初步全尺寸模型的审核,同年 6 月 12 日获得制造 1 架原型机的合同,军方型号为 XA4D-1。1954 年 2 月,XA4D-1 正式下线,并获得了"天鹰"的绰号。1954 年 6 月,XA4D-1 在

基本参数	
长度	12.22 米
高度	4.57 米
翼展	8.38 米
乘员	1 人
空重	4750 千克
最大起飞重量	11136 千克
最大速度	1077 千米/时
最大航程	3220 千米
最大升限	12880 米

爱德华兹空军基地首次试飞。同年，首个生产型 A4D-1 开始生产，后改称为 A-4A。此后，道格拉斯公司又相继研制了多种改进型。

A-4 攻击机侧方特写

机体构造

由于翼展较短，A-4 免去了机翼折叠机构，节省了不少重量并简化了结构。A-4 机身采用全金属半硬壳结构，其分成前、后机身两大部分。后机身可拆卸以便于维修发动机，同时两旁均有减速板。部分 A-4 则在机身中段有一个隆起的"驼峰"，以便放置新添的航空电子设备仪器。平尾可以电动调整安装角，以便在飞行中调整配平。三角形机翼内部形成一个单体盒状结构，并安装有内部油箱。

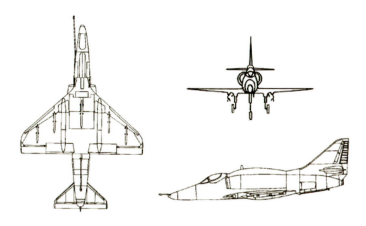

A-4 攻击机三视图

机载武器

A-4机翼根部下侧安装有2门20毫米MK-12火炮,每门备弹200发。机上有5个外挂点,机身下和两翼下各有1个武器挂架,可挂载普通炸弹、空地导弹和空空导弹,最大载弹量为4150千克。为了增加外挂武器,A-4可配备三重或多重发射架。由于该机设计精巧,造价低廉,载弹量大,维护简单,出勤率高,在几次局部战争中都有上佳的表现。

A-4 攻击机进行编队飞行

电子设备

由于A-4的基本设计着重在减轻重量及复杂性,因此早期型均只能配备简单的任务航空电子设备,后期改进型纷纷加装了各式新型电子设备。A-4C安装有自动驾驶系统、地貌跟踪雷达及低空轰炸火控

A-4 攻击机在跑道上

系统，成为 A-4 中首架具有全天候作战能力的型号；APR-43、LR-45F 雷达预警接收器以及 ALQ-62 电子干扰器，则装在 A-4M 和 OA-4M 上；美国陆战队的 A-4Y（A-4M 的改进型）则有休斯公司的角速度轰炸系统，使其具有 1 次通过即可获得目标的能力及增加轰炸的精确度。

服役记录

1955 年 10 月 26 日，一架早期生产型 A-4A 攻击机在爱德华空军基地上空 500 千米圆周航线上飞出了 1118.67 千米/时的世界速度纪录。

越战期间，A-4 出动的架次超过美军任何一种飞机，仅 1966 年，A-4 攻击机的飞行次数即占美国海军全部轰炸攻击任务的 60%。A-4 攻击机经常保持 95% 的飞机数量可供使用，在执行任务时损失率很低，曾经有一架 A-4 攻击机在被 4 发 37 毫米高射炮弹击中后，继续飞行了 370 千米安全返回基地。

A-4 攻击机上方视角

10 秒速识

A-4 攻击机采用下单翼布局，机翼为三角形机翼，装有常规倒 T 形尾翼。A-4 主翼有 3 个翼梁，是由一端的翼梢连续到另一端的翼梢，最后那对翼梁是直的，去除了后掠翼上常见的载荷集中点。

A-4 攻击机前侧方特写

 ## 美国 A-6 "入侵者" 攻击机

A-6 是美国格鲁曼公司生产的一款全天候重型舰载攻击机,绰号"入侵者"(Intruder)。

Chapter 04 攻击机

研发历史

1955年，美国海军开始向国内各大飞机制造公司征求新型舰载攻击机设计，要求必须具备全天候作战能力和超低空作战能力，且必须拥有完善的航空电子设备。同时，美国海军陆战队也需要一种有全天候作战能力、易维护、能从前线野战机场短距起降的攻击机。双方一拍即合。1956年，综合美国海军陆战队的要求后，美国海军提出了全天候战术攻击机的具体指标。1957年12月底在8家公司共11种设计方案中，格鲁曼公司的竞标机型脱颖而出。1958年9月，A-6攻击机开始初始设计和风洞试验，1959年4月与美军签订正式研制和初始生产合同。1960年春季，8架原型机中首架出厂，同年4月19日首次试飞成功。1963年7月，A-6攻击机正式服役。

基本参数	
长度	16.69 米
高度	4.93 米
翼展	16.15 米
乘员	2 人
空重	12525 千克
最大起飞重量	26580 千克
最大速度	1040 千米／时
最大航程	5222 千米
最大升限	12400 米

A-6攻击机进行编队飞行

机体构造

A-6攻击机的机身为普通全金属半硬壳结构，安装了两台发动机的机身腹部向内凹。机身后端两侧有减速板，由于打开时处于发动机喷气流中，减速板由不锈钢制成。起落架为可收放前三点式，前起落架为双轮式，向后收起，主起落架为单轮式，向前然后向内收入进气道整流罩内，后机身腹部有着陆钩。

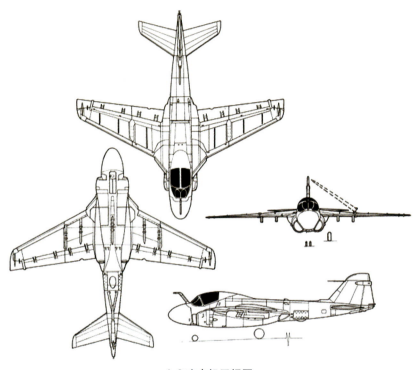

A-6 攻击机三视图

机载武器

A-6 攻击机的机翼设计使其能携带各种大小的弹药。该机能携带共计 8200 千克的各种对地攻击武器，但没有安装固定机炮。除了拥有传统攻击能力外，A-6 攻击机在设计上也具有携带并发射核武器的能力，该机主要用于低空高速突防，对敌方的纵深目标实施攻击。

Chapter 04 攻击机

A-6 攻击机投放武器

电子设备

A-6 攻击机改装了移动目标批示系统,增加了侦察移动目标的能力,机上安装有导航/攻击计算机和 AN/ALR-67 雷达告警接收机。信号数据转换器可以把 60 多个传感器传来模拟信号转换成数字信号,送到导航/攻击系统的计算机中。雷达采用 AN/APQ-148 模拟导航/攻击雷达,还配备了 AN/ASQ-33 数字计算机。此外,机上安装有 AN/ARC-159 超高频电台、AN/APX-72 敌我识别器。

A-6 攻击机准备降落

服役记录

1986年3月的"草原烈火"行动中,从"美国"号航空母舰上起飞的2架A-6攻击机使用"鱼叉"反舰导弹击沉了利比亚1艘"战士"级导弹快艇。另外1架A-6攻击机使用Mk 20"石眼"集束炸弹重创了利比亚"纳努契卡"级大型导弹艇。从"萨拉托加"号和"珊瑚海"号航空母舰上起飞的A-6攻击机,分别击沉和击伤了1艘导弹艇。

A-6攻击机准备起飞

10秒速识

A-6攻击机机翼为悬臂式全金属中单翼,后掠角为25度,有液压操纵的全翼展前缘襟翼和后缘襟翼。在后缘襟翼前方,安装有展长与襟翼相同的嵌入扰流板。后缘襟翼外侧的翼尖下有2个挂架。

A-6攻击机在高空飞行

Chapter 04　攻击机

美国 A-7 "海盗 II" 攻击机

　　A-7 是以 F-8 战斗机为蓝本开发的,用以取代 A-4"天鹰"(Skyhawk)的次音速轻型攻击机,绰号"海盗 II"(Corsair II)。

研发历史

基本参数	
长度	14.06 米
高度	4.89 米
翼展	11.80 米
乘员	1 人
空重	8972 千克
最大起飞重量	19050 千克
最大速度	1065 千米／时
最大航程	2485 千米
最大升限	14780 米

　　A-7 攻击机是 1963 年 5 月美国海军"轻型攻击机"设计竞标的产物,该竞标旨在寻求一种可替代 A-4"天鹰"攻击机的新机型,首要任务是投送常规武器而不是核武器。美国海军对低成本飞机非常感兴趣,于是规定新机型的研制要基于现有设计。另外为了节省更多经费,没有要求新机型具备超音速性能。1964 年 2 月,美国海军最后选定沃特飞机公司的方案,并签订了制造 3 架原型机的合同。1965 年 9 月 27 日,A-7 攻击机首次试飞。1965 年 11 月 10 日,A-7 攻击机的绰号正式定为"海盗 II",以表彰沃特飞机公司在二战时期研制了著名战斗机 F4U"海盗"。

A-7 攻击机侧下方特写

机体构造

A-7 攻击机是一种上单翼单座战术攻击机，进气口位于机头雷达罩下方。保留了 F-8 战斗机的后掠翼平面形状，取消了机翼迎角可调系统。机身为全金属半硬壳式，机翼前缘为全翼展前缘襟翼，分为内外两段。机翼后缘固定段有大面积单缝襟翼，可折叠的外翼段后缘是副翼。后缘襟翼前面各有 1 块扰流板。机翼上的所有可动部分均用液压作动筒或双腔助力器操纵。油箱、发动机及座舱部位的机身下侧均有防护装甲。主起落架是单轮式，向前收起放在机身两侧的轮舱内。前起落架为双轮式，向后收起。

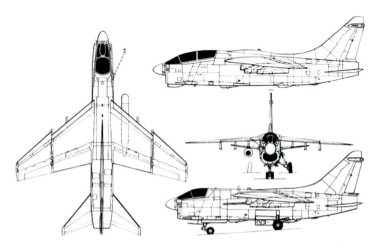

A-7 攻击机三视图

Chapter 04 攻击机

机载武器

A-7 攻击机的固定武器为 1 门 20 毫米 M61 "火神"机炮，备弹 1030 发。机身座舱下方两则各有一个能挂 227 千克载荷的导弹挂架，一般只能挂空对空导弹或空对地导弹。机翼下共有 6 个挂架，可以选挂炸弹、核弹、火箭弹、电子干扰舱、机炮舱、副油箱等，靠内侧的挂架可挂载 1134 千克的载荷，外侧的两个挂架均可挂 1587 千克的载荷。

A-7 攻击机正在投掷炸弹

电子设备

A-7 攻击机是第一架配备有现代抬头显示器、惯性导航系统与涡扇发动机的作战机种。A-7A 为第一种量产机型，配备 1 台 AN/APN-153 导航雷达，及 1 台 AN/APQ-99 对地攻击雷达。

A-7 攻击机前下方特写

服役记录

A-7是美军历史上比较重要的一款攻击机，作为常年飞行于低高度防空火力网内的攻击机，A-7攻击机的低战损率和高任务效能都值得称道。2014年10月，希腊空军第116作战联队在阿拉科斯基地为全世界最后的A-7"海盗Ⅱ"攻击机举办了盛大的退役仪式。希腊空军是世界上最后使用A-7攻击机的空军部队。

A-7攻击机参与"沙漠风暴"行动

10秒速识

A-7攻击机的后掠式机翼有明显的下反角，水平尾翼有上反角，垂直尾翼上端切去一角，机身上的舱门和检查口盖比较多，中机身下侧有1块大减速板。

A-7攻击机正在起飞

Chapter 04 攻击机

美国 A-10 "雷电 II" 攻击机

A-10 是美国费尔柴德公司研制的一款双发单座攻击机,绰号"雷电 II"(Thunderbolt II)。

研发历史

A-10 攻击机源于美国空军在 1966 年 9 月展开的攻击机试验计划,其绰号来自于二战时期在密接支援上表现出色的 P-47 "雷电"攻击机。A-10 攻击机于 1972 年 5 月首次试飞,1975 年开始装备美国空军。该机有多个型号,在经过升级和改进之后,预计一部分 A-10 攻击机将会持续使用至 2028 年。A-10 攻击机的火力强大、装甲厚实,能够有效对付利用地形掩护的地面部队。其拥有美国其他战斗机和武装直升机所不具备的对地攻击能力。按照 1984 年(A-10 攻击机停产时间)的市值,A-10 攻击机的单机造价约 1880 万美元。

基本参数	
长度	16.16 米
高度	4.42 米
翼展	17.42 米
乘员	1 人
空重	11321 千克
最大起飞重量	23000 千克
最大速度	706 千米 / 时
最大航程	4150 千米
最大升限	13700 米

A-10 攻击机进行编队飞行

机体构造

A-10 攻击机采用中等厚度大弯度平直下单翼、双垂尾的正常布局，不仅便于安排翼下挂架，而且有利于遮蔽发动机排出的火焰与气流，以抑制红外制导的地对空导弹的攻击。尾吊发动机不仅可以简化设计、减轻结构重量，在起降时还可最大限度避免发动机吸入异物。两个垂直尾翼增加了飞行安定性，作战中即使有 1 个垂尾遭到破坏，飞机也不会无法操纵。

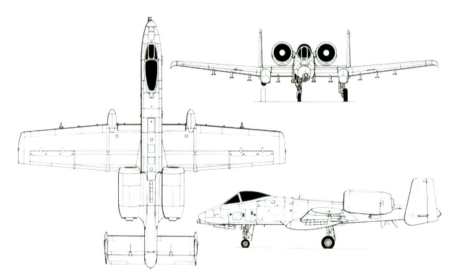

A-10 攻击机三视图

机载武器

A-10 攻击机在前机身内左下侧安装了 1 门 30 毫米 GAU-8 型 7 管"加特林"机炮,最大备弹量 1350 发。该机有 11 个外挂架(每侧机翼下 4 个,机身下 3 个),最大载弹量为 7260 千克。A-10 攻击机在低空低速时有优异的机动性,可以在相当短的跑道上起飞及降落,并能在接近前线的简陋机场运作,因此可以在短时间内抵达战区。其滞空时间很长,能够长时间盘旋于任务区域并在 300 米以下的低空执行任务。

A-10 攻击机挂载的武器

电子设备

A-10 攻击机的电子设备包括 AN/AIC-18 机内通信设备,KY-58/75 保密话音、多频段调幅、调频通信设备、CPU-132 导航计算机、AN/ASN-141 惯性导航系统、AN/ARN-118 塔康导航设备、AN/AXQ-13 电视监控器、MXU-553 飞行数据记录仪、AN/ARN-108 仪表着陆系统、AN/ALR-46 和

A-10 攻击机进行作战训练

ANALR-69 雷达告警接收机、AN/APX-101 敌我识别器、AN/AWG-（ACS）武器控制系统、AN/AVQ-29 平视显示仪。另外还有 AN/AAS-35 激光搜索/跟踪系统吊舱、AN/ALQ-87 及 AN/ALQ-119 电子对抗吊舱。

服役记录

1991 年海湾战争是 A-10 攻击机第一次参与实战，144 架 A-10 攻击机进行了近 8100 架次任务，共摧毁了伊拉克超过 900 辆坦克、2000 辆其他战斗车辆以及 1200 个火炮据点，成为该战役中效率最高的战机。

A-10 攻击机在高空飞行

10 秒速识

A-10 攻击机采用无后掠角的平直下单翼，双垂尾，机头有澡盆形座舱，机腹上有 50 毫米厚的装甲。

A-10 攻击机前侧方特写

美国 AC-130 "空中炮艇" 攻击机

AC-130 是以美国空军 C-130 运输机为基础改进而来的一款重型攻击机,绰号"空中炮艇"（Gunship）。

研发历史

AC-130 于 1966 年首飞,1968 年开始服役。迄今为止,AC-130 共出现过四种不同的版本,分别是洛克希德公司负责改装的 AC-130A/E/H 三型,以及洛克威尔公司操刀的最新版本——AC-130U "幽灵"（Spooky）。迄今为止,美国空军共有 22 架各型 AC-130 处于服役状态。其中包括 8 架 AC-130H,与 13 架配属到美国空军第 16 特种作战大队第 4 中队的 AC-130U、1 架新生产的 AC-130J。

基本参数	
长度	29.8 米
高度	11.7 米
翼展	40.4 米
乘员	13 人
最大起飞重量	69750 千克
最大速度	480 千米／时
最大航程	4070 千米
最大升限	9100 米

AC-130 攻击机发射热焰弹

机体构造

由于机上装置有大量的武器与设备，AC-130是美国空军所拥有有攻击武力的机种中操作人员数最多的一架。其中AC-130U需要13名人员，包括5名军官（驾驶与副驾驶、导航员、火控官与电战官）与8名士兵（飞航工程师、微光夜视系统操作员、红外线侦察设备操作员、4名炮手与1名填弹手）。至于AC-130H则因为多了一门机炮，因此成员数也比AC-130U还多，为14人。最新的AC-130U使用四台艾里逊T56-A-15发动机。

AC-130 攻击机示意图

机载武器

AC-130配装有各种口径不同的机炮，乃至于后期机种所搭载的博福斯炮或榴弹炮等重型火炮，对于零星分布于地面、缺乏空中火力保护的部队有致命性的打击能力。武装包含了1门侧向的博福斯40毫米L/60速射炮与M102型105毫米榴弹炮。原本在AC-130H上的2门M61机炮被1门25毫米GAU-12机炮所取代，备有3000发弹药，射程超过3657米。

为了强化AC-130的攻击火力与战场生存率，自2005年起空军特种作战司令部（AFSOC）也开始评估在AC-130上换装120毫米迫击炮系统。除了拥有更远的攻击距离与较佳的破坏力／重量比之外，120毫米的主炮能与美国其他军种所使用的弹药拥有更高的通用性（例如陆军的 M1 主力战车的 M-256 主炮）。

AC-130 攻击机及挂载的武器

电子设备

早期量产版本的 AC-130A 拥有包括 APQ-133 信标追踪器、AN/APQ-136 移动目标显示雷达（MTI radar）与新式的类比式电脑及其他传感设备。后期改进型 AC-130U 主要的设备包括休斯 AN/APQ-180 主要火控雷达、得州仪器 AAQ-117 前视红外仪（FLIR）、波尔航太（Ball Aerospace）附有激光定标仪与测距功能的全主动微光夜视摄影机（All-Active Low-Light-Level TV 安装在机首下方突起的炮座上，拥有 360 度的全景视野）与洛克威尔 ALQ-172 电子干扰器及其他反制干扰物（热焰弹等）的发射装置。

AC-130 攻击机前侧方特写

服役记录

2001年，共有13架AC-130U飞机投入使用。目前，美国还在对AC-130H/U攻击机进行改进，要进一步提升了它们的攻击能力，使其能在防空武器的有效射程外，对敌人发动致命攻击。

AC-130U 攻击机

10秒速识

AC-130攻击机是以洛克希德C-130运输机为基础改装而成的，其外形与C-130运输机相似。

AC-130 攻击机在跑道上

Chapter 04 攻击机

美国 AV-8B "海鹞 Ⅱ" 攻击机

AV-8B "海鹞 Ⅱ" 是美国麦克唐纳·道格拉斯公司生产的一款短距/垂直起降攻击机。

研发历史

基本参数	
长度	14.12 米
高度	3.55 米
翼展	9.25 米
乘员	1 人
空重	6745 千克
最大起飞重量	14000 千克
最大速度	1083 千米/时
最大航程	2200 千米

AV-8B 攻击机不是由美国自行研发的机种,而是美军现役中极少数从国外引进、取得了生产权的武器系统。该机的原始设计源自于英国的"鹞"式攻击机,在美国生产的编号为 AV-8A,用作近距离的空中支援和侦察。有鉴于 AV-8A 攻击机的性能不完全满足美国海军陆战队的需要,尤其是在载弹量方面。于是,麦克唐纳·道格拉斯公司和英国宇航公司对其进行了改进,将 AV-8A 攻击机改进成为 AV-8B 攻击机。AV-8B 攻击机的生产型于 1981 年 11 月首次试飞,1985 年正式服役。AV-8B 攻击机是目前世界上最先进的亚音速垂直/短距起降攻击机,在美国海军舰载机中有着重要地位。

AV-8B 攻击机准备起飞

机体构造

AV-8B 攻击机采用悬臂式上单翼，机翼后掠，翼根厚，翼稍薄。机翼下有下垂副翼和起落架舱，两翼下各有一个较小的辅助起落架，轮径较小，起飞后向上折叠。AV-8B 攻击机在减重上下了很大的工夫，其中采用复合材料主翼是主要改进项目之一。据估计，以复合材料制造的主翼要比金属做的同样主翼轻了 150 千克。AV-8B 攻击机的机身前段也使用了大量的复合材料，估计减掉了大约 68 千克的重量。其他采用复合材料的部分包括升力提升装置、水平尾翼、尾舵，只有垂直尾翼、主翼与水平尾翼的前缘及翼端、机身中段及后段等处使用金属材料。

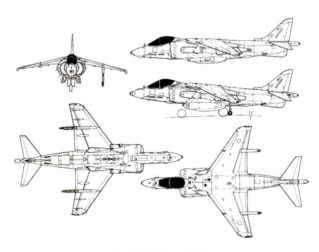

AV-8B 攻击机三视图

机载武器

AV-8B 攻击机的机身下有 2 个机炮/弹药舱,各安装 1 门 5 管 25 毫米机炮,备弹 300 发。该机还有 7 个外挂挂架,可挂载 AIM-9L"响尾蛇"导弹、AGM-65"小牛"导弹以及各类炸弹和火箭弹。

AV-8B 攻击机进行编队飞行

电子设备

AV-8B 攻击机采用 AN/APG-65 雷达攻击雷达,安装了前视红外探测系统、夜视镜等夜间攻击设备,夜间战斗能力很强。

AV-8B 攻击机在高空飞行

服役记录

1991年海湾战争中，美国海军在沙特阿拉伯部署了60架AV-8B攻击机，参与了对伊拉克的空袭。地面进攻期间，伊拉克炮兵对突入雷区和障碍地带的多国部队构成严重威胁，美军使用AV-8B和A-10攻击机等飞机实施压制。AV-8B攻击机每队在空域待战20分钟，每15分钟换一队，发现目标立即攻击，效果较好。

AV-8B攻击机前方特写

10秒速识

AV-8B攻击机的超临界主翼增厚，除了主翼内部AV-8B在机身前段与中段的两侧，机身后段的上半部均设有油箱。

AV-8B攻击机在空中进行加油

美国 F-117"夜鹰"攻击机

F-117 是美国洛克希德公司研制的一款隐身攻击机,绰号"夜鹰"(Nighthawk)。

研发历史

F-117 攻击机的研制工作始于 20 世纪 70 年代中期,共制造了 5 架原型机,1981 年 6 月 15 日试飞定型,次年 8 月 23 日开始向美国空军交付,总共交付了 59 架生产型。F-117 攻击机服役后一直处于保密状态,直到 1988 年 11 月 10 日,美国空军才首次公布了它的照片。1989 年 4 月,F-117 攻击机在内华达州的内利斯空军基地公开面世。

基本参数	
长度	20.09 米
高度	3.78 米
翼展	13.20 米
乘员	1 人
空重	13380 千克
最大起飞重量	23800 千克
最大速度	993 千米/时
最大航程	1720 千米
最大升限	13716 米

F-117 攻击机是世界上第一款完全以隐形技术设计的飞机,领导世界军事进入了隐形时代。该机在世界航空史上具有重要的里程碑意义,其总设计师还因此获得了美国国家航空航天协会的最高奖励——罗伯特·科利尔奖。

F-117攻击机进行编队飞行

机体构造

F-117攻击机整个机身干净利索,没有任何明显的突出物,除了机头的4个多功能大气数据探头外,就连天线也设计成可上下伸缩。为了降低电磁波的发散和雷达截面积,F-117攻击机没有配备雷达。诸如此类的设计大幅提高了隐身性能,但也导致F-117攻击机气动性能不佳、机动能力差、飞行速度慢等。

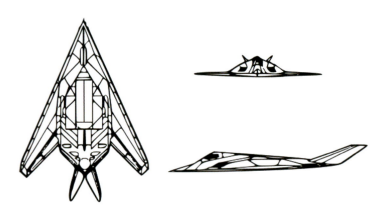

F-117攻击机三视图

机载武器

F-117 攻击机的两个武器舱拥有 2300 千克的装载能力,理论上可以携带美国空军军械库内的任何武器,包括 B61 核弹。少数炸弹因为体积太大,与 F-117 攻击机的系统不兼容而无法携带。

F-117 攻击机在空中进行加油

电子设备

F-117 攻击机有一套整合精密导引和攻击系统的数字化飞航控制装置。为了降低电磁波的发散和雷达截面积,夜鹰没有配备雷达。导航系统主要由全球卫星定位系统(GPS)和高精确性的惯性导航装置组成。自动任务规划系统可以协调所有的攻击任务,计划出攻击路线,并且自动执行,包含武器的释放。目标可借由红外线热影像仪确认,并利用激光测量距离和标定激光导引炸弹的目标。

F-117 攻击机正在降落

服役记录

F-117 攻击机曾经参与过许多战争。第一次作战记录是 1989 年的巴拿马战争。在这场战争中,两枚由 2 架 F–117 攻击机携带的炸弹,被投掷在雷哈托(Rio Hato)机场。1991 年海湾战争中,F–117 攻击机发挥了极大的作用。在大约 1300 次任务,6905 个飞行小时中,F–117 攻击机成功摧毁了 1600 个高价值目标,超过全部战略目标的 40%。

F–117 攻击机正在投掷炸弹

10 秒速识

F–117 攻击机的外形与众不同,整架飞机几乎全由直线构成,连机翼和 V 形尾翼也都采用了没有曲线的菱形翼形。

F–117 攻击机侧方特写

Chapter 04 攻击机

英国/法国"美洲豹"攻击机

"美洲豹"(Jaguar)是由英国和法国联合研制的双发多用途战斗机。

研发历史

基本参数	
长度	16.8 米
高度	4.9 米
翼展	8.7 米
乘员	1～2 人
空重	7000 千克
最大起飞重量	15700 千克
最大速度	1699 千米／时
最大航程	3524 千米
最大升限	14000 米

20世纪60年代初,英国空军开始寻求一种用于替换"蚊蚋"和"猎人"教练机,同时也可当作轻型战术攻击机使用的新型飞机。此时,法国空军也在寻求一种能担负攻击任务的教练机,用以取代T-33和"教师"教练机,以及用于攻击任务的"超神秘"战斗机、F-84F和F-100战斗机。1964年4月,英国与法国达成协议,由英国飞机公司与法国达索航空公司合组欧洲战斗教练和战术支援飞机制造公司(SEPECAT),共同研发"美洲豹"攻击机。1968年9月,第一架原型机首次试飞。1973年,"美洲豹"攻击机正式服役。

"美洲豹"攻击机正在起飞

机体构造

"美洲豹"攻击机具有简洁的传统上单翼布局，翼面至地面距离很高，便于挂载大型的外部载荷以及提供充裕的作业空间。机翼后掠角40度，下反角3度。机翼后缘取消了传统的副翼，内侧为双缝襟翼，外侧襟翼前有两片扰流板，低速时与差动尾翼配合进行横向操纵。

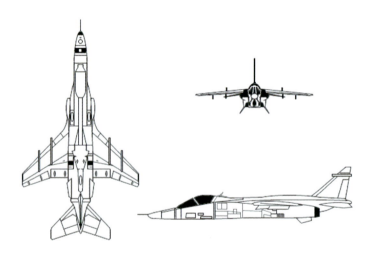

"美洲豹"攻击机三视图

机载武器

虽然"美洲豹"是由英、法合作研发而成的，但两国在许多规格与装备使用上却不尽相同。两种版本都安装有 30 毫米机炮，并可挂载 4536 千克导弹和炸弹等武器。

"美洲豹"攻击机底部特写

电子设备

英国空军装备的"美洲豹"攻击机采用的电子设备包括史密斯公司（Smiths）的抬头显示器、马可尼（Marconi）–Elliot 公司的导航暨攻击武器瞄准次系统（NAVWASS）(MCS920M 型数位式空用电脑、惯性导航系统、投射式地图显示器）、机鼻下方配备激光测距/标定仪等。而法国装备的"美洲豹"所使用的电子设备则是空用多普勒雷达、光学瞄准具、ATLIS 空中激光照明暨追踪系统等。

英国空军装备的"美洲豹"攻击机

服役记录

1991年,法国空军装备的"美洲豹"攻击机参加了海湾战争,共执行了超过600次战斗出击,投射的AS-30L激光制导导弹表现出了很好的精确性。在该战争中,有1架"美洲豹"攻击机被地对空导弹击中,但仍成功飞回基地,被空运回法国修理。

"美洲豹"攻击机进行编队飞行

10秒速识

"美洲豹"机翼外段前缘缝翼伸长形成锯齿,且在锯齿位置(1/4弦长)设有纵向翼刀,尾部布局采用梯形垂尾,平尾是单片全动式,有10度下反角。

"美洲豹"攻击机侧方特写

Chapter 04 攻击机

俄罗斯苏-25"蛙足"攻击机

苏-25是苏霍伊设计局研制的一款亚音速攻击机,北约代号"蛙足"(Frogfoot)。

研发历史

1968年,俄军提出了新型攻击机的研发计划,要求能在前线150千米以内目视攻击敌人的地面目标、直升机和低速飞机,还要求能尽快投产。雅克列夫设计局、伊留申设计局和苏霍伊设计局参加了竞标,最终苏霍伊设计局的方案被选中,设计局编号为T-8。1975年2月,苏-25攻击机的原型机首次试飞。1978年,苏-25攻击机开始批量生产,但直到1981年才形成全面作战能力。苏-25攻击机曾是苏军的主力攻击机,也在苏联解体后的独联体国家持续服役,并有若干外销版本。

基本参数	
长度	15.53 米
高度	4.8 米
翼展	14.36 米
乘员	1 人
空重	9800 千克
最大起飞重量	17600 千克
最大速度	975 千米/时
最大航程	750 千米
最大升限	7000 米

苏-25攻击机正在起飞

机体构造

苏-25攻击机的机翼为悬臂式上单翼，三梁结构，采用大展弦比、梯形直机翼，机翼前缘有20度左右的后掠角。机身为全金属半硬壳式结构，机身短粗，座舱底部及四周有24毫米厚的钛合金防弹板。机头左侧是空速管，右侧是为火控计算机提供数据的传感器。起落架可收放前三点式。起落架为可收放前三点起落架，液压驱动。主起落架收起时机轮水平放置在进气道下的起落架舱内。

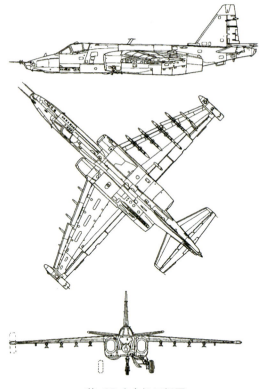

苏-25攻击机三视图

机载武器

苏-25安装有1门30毫米双管机炮，机翼下总共有8个挂架，可携带 4400 千克空对地武器。苏 –25 攻击机反坦克能力强，机翼下可挂载"旋风"反坦克导弹，射程为 10 千米，可击穿 1000 毫米厚的装甲。苏 –25 攻击机的低空机动性能好，可在装弹情况下与米 –24 武装直升机协同作战，配合地面部队攻击坦克、装甲车和重要火力点等。

苏 -25 攻击机正在发射导弹

电子设备

苏 –25 机头的风挡下面安装有激光测距器及目标标识器，风挡前面及尾翼下部有 SRO-2 敌我识别系统天线，采用"警笛"3 雷达告警系统。机头的顶部安装有拍摄对地攻击效果的录像设备。座舱内安装自动驾驶仪和简单的导航系统。苏 –25 攻击机没有用于夜战的红外线夜视系统，在恶劣的天气下，其打击能力大减。

苏 -25 攻击机侧下方特写

服役记录

伊拉克于 20 世纪 80 年代中期接收了 30 架苏–25,海湾战争期间有 2 架被美国的 F–15 击落。阿富汗战争期间,苏军使用了苏–25 执行对地密集打击任务,该机配备的"装甲驾驶舱"被验证了足以抵抗阿富汗恐怖分子使用的对空大口径机炮的攻击,并且能够有效威慑地面的敌人。

苏-25 攻击机进行编队飞行

10 秒速识

苏–25 的机翼为大展弦比梯形直机翼,机翼前缘有分成两段的全翼展前缘缝翼,机翼外段前缘突出,在机翼中段形成锯齿形。

苏-25 攻击机正在降落

法国"超军旗"攻击机

"超军旗"(Super Etendard)是法国达索公司研制的一款舰载攻击机。

研发历史

"超军旗"攻击机源自于它的前身"军旗Ⅳ"攻击机,原计划取代"美洲豹"攻击机的海军型。"超军旗"攻击机的研制进度由于政治问题有所延缓,直到1974年10月才进行了原型机的首次试飞。法国海军最初订购了60架"超军旗"攻击机,1978年6月开始交付。此后,法国海军又增加了11架订单。除了法国海军外,阿根廷海军也订购了14架"超军旗"攻击机。

基本参数	
长度	14.31 米
高度	3.85 米
翼展	9.6 米
乘员	1 人
空重	6460 千克
最大起飞重量	11500 千克
最大速度	1180 千米／时
最大航程	3400 千米
最大升限	13700 米

"超军旗"攻击机在舰上降落

机体构造

"超军旗"攻击机采用了 45 度后掠角中单翼设计,机身为全金属半硬壳式结构,翼尖可以折起,机身呈蜂腰状。中机身两侧下方有带孔的减速板。减速伞在垂尾与平尾后缘连接处的整流罩内,只有在地面机场降落时才使用。主起落架和前起落架均为单轮,前轮向后收,主轮则向内收入机翼与机身。该机的动力装置为 1 台斯奈克玛"阿塔"8K-50 非加力型发动机,机身后段可拆除以进行发动机更换。

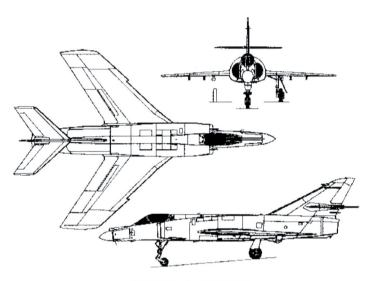

"超军旗"攻击机三视图

机载武器

"超军旗"攻击机的固定武器为 2 门 30 毫米"德发"机炮,每门备弹 125 发。全机有 5 个外挂点,机腹中线外挂点可携带 590 千克外挂物,两个翼下外侧外挂点的挂载能力为 1090 千克,两个翼下内侧外挂点的挂载能力为 450 千克。在执行攻击任务时,其武器携带方案为 6 枚 250 千克炸弹(机腹挂架挂载 2 枚),或 4 枚 400 千克炸弹(全由翼下挂架挂载),或 4 具 LRI-50 火箭发射巢(每具可容纳 18 枚 68 毫米火箭弹)。此外,还可根据需要挂载"飞鱼"空对舰导弹和副油箱等。

Chapter 04　攻 击 机

"超军旗"攻击机侧方特写

电子设备

"超军旗"是第一种配有惯性导航系统的法国军用飞机，头部安装有一部I频段（8-10GHz）龙舌兰单脉波雷达，其拥有搜索、自动追踪及测距能力，有空对空及空对地模式，此外附有地形图像显示器，并能为主动雷达导引导弹提供目标资料。

"超军旗"攻击机进行编队飞行

服役记录

法国海军的"超军旗"攻击机以"克莱蒙梭"级航空母舰为主要操作基地，之后随着同样由达索航空公司研发的"阵风"战斗机和新型航空母舰"夏尔·戴高乐"号成军而宣告退役。但部分"超军旗"攻击机被保留，作为"夏尔·戴高乐"号的舰载机，最终在2016年全面退役。

在两伊战争期间,伊拉克也使用了"超军旗"攻击机搭载"飞鱼"反舰导弹,攻击了波斯湾上的海上钻井平台和油轮,严重影响了石油输出安全。

"超军旗"攻击机底部特写

10秒速识

"超军旗"攻击机机身呈蜂腰状,垂尾面积较大,后掠平尾置于垂尾中部,机头浑圆。

"超军旗"攻击机前侧方特写

Chapter 04 攻击机

巴西/意大利 AMX 攻击机

AMX 是意大利和巴西两国合作研制的一款单座单发轻型攻击机。

研发历史

1977 年 6 月，意大利空军发出了一纸标书，希望开发菲亚特 G.91 战斗机和洛克希德 F-104 战斗机的替代机型，以完成攻击和侦察任务。与此同时，巴西空军也对新的轻型战术飞机感兴趣，并为此进行了 A-X 计划，但巴西政府无力单独承担发展所需的费用。由于共同的需求，1981 年 3 月巴西政府与意大利政府签署了一份联合规格书，制定了新飞机的性能指标。1984 年 5 月 15 日，AMX 攻击机的第一架原型机首次试飞。

基本参数	
长度	13.23 米
高度	4.55 米
翼展	8.87 米
乘员	1 人
空重	6700 千克
最大起飞重量	13000 千克
最大速度	914 千米／时
最大航程	3336 千米
最大升限	13000 米

AMX 攻击机正在起飞

机体构造

AMX 攻击机采用常规布局，该机的一大特点就是全机的高冗余度：电气、液压和电子设备几乎都采用双重体制。除了垂尾和升降舵是复合材料外，AMX 攻击机绝大部分结构材料采用普通航空铝合金。水平尾翼为全动式，同时有一小块升降舵用以改善控制特性。所有的控制面都由液压驱动。

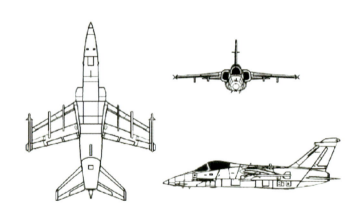

AMX 攻击机三视图

机载武器

AMX 攻击机总计有 7 个外挂点，包括 1 个机身中线外挂点、每侧机翼下的 2 个外挂点和翼尖用于挂载 AIM-9L "响尾蛇" 或 MAA-1 "比拉鱼"

空对空导弹的发射梁。机身中线外挂点和机翼内侧外挂点均可挂载 900 千克载荷,机翼外侧的外挂点则只能挂载 450 千克。

AMX 攻击机进行编队飞行

电子设备

　　意大利空军装备的 AMX 攻击机采用的电子设备包括:超高频(UHF)和甚高频(VHF)电台、附加敌我识别装置(IFF)、利顿惯性导航系统(INS)以及塔康信标导航系统和航向参考系统;由 Elettronica 公司整合的电子对抗系统(ECM),并配备了雷达告警接收机(RWR)。

AMX 攻击机发射导弹

　　巴西空军装备的 AMX 攻击机则使用一套更为简单的导航系统,该系统由一个甚高频全向信标、仪表着陆信标导航、着陆系统和 FIAR-

Techtelcom 公司的 SCP/01 雷达组成。两国空军所采用的电子设备都采用模块化组合以方便交换。

服役记录

1989 年 5 月 11 日，意大利空军接收了第一架 AMX 攻击机用于测试。在服役期间，AMX 攻击机得到了相当高的评价：飞行员喜欢它出色的操纵性和卓越的座舱视野，而地勤人员也对它良好的可维护性赞誉有加。委内瑞拉现在是 AMX 攻击机的唯一出口用户，该国在 1999 年订购了 8 架双座型和 4 架订货意向。

AMX 攻击机后方特写

10 秒速识

AMX 攻击机有一对前缘后掠角 27.5 度的后掠矩形上单翼和后掠平尾。机翼配备了全翼展前缘襟翼，副翼内侧是面积很大的双缝富勒襟翼，机翼上表面配备了两块扰流板。

AMX 攻击机前侧方特写

Chapter 05

武装直升机

　　武装直升机是一种装备了进攻性武器的军用直升机,主要用于攻击地面目标,如步兵、装甲车辆和建筑。由于具有飞行速度快、隐蔽性好、生存力强等独特的性能,在近年来的一些局部战争中发挥了重要的作用。

美国 AH-1 "眼镜蛇" 武装直升机

AH-1 是由贝尔公司研制的美国第一代武装直升机，绰号"眼镜蛇"（Cobra）。

研发历史

AH-1 直升机是美国第一代武装直升机，也是世界上第一种专门研发的专用武装直升机。20 世纪 60 年代中期，美国在越战中投入使用的直升机由于火力差劲、装甲薄弱且速度缓慢，而导致损失惨重。美国陆军迫切希望拥有一种高速度、重装甲、强火力的武装直升机，

基本参数	
长度	13.6 米
高度	4.1 米
旋翼直径	14.63 米
乘员	2 人
空重	2993 千克
最大起飞重量	4500 千克
最大速度	277 千米／时
最大航程	510 千米
最大升限	3720 米

为运输直升机提供沿途护航，并为步兵预先提供空中压制火力。作为世界上第一代武装直升机的 AH-1"眼镜蛇"直升机，就诞生于这样的背景之下。1965 年 9 月，原型机首次试飞。1966 年 4 月，美国陆军签订了第一批 110 架的合同。1967 年 6 月，第一批 AH-1 直升机交付并开始服役。

Chapter 05　武装直升机

AH-1 直升机在低空飞行

机体构造

AH-1 直升机采用两叶旋翼和两叶尾桨，桨叶由铝合金大梁、不锈钢前缘和铝合金蜂窝后段组成，桨尖后掠。尾桨由铝合金蜂窝和不锈钢前缘及蒙皮组成，位于右侧。座舱为纵列双座布局，射手在前，驾驶员在后。前舱门在左侧，后舱门在右侧。起落架为管状滑橇式，不可收放。单引擎型直升机设有较突出的粗大排气管，由机身后部伸出，与大梁平行。双引擎型直升机的发动机置于双肩，较短的排气管在机身后部并列配置，以一定角度外倾。该机采用 2 台通用动力 T700-GE-401 涡轮轴发动机，单台功率 212 千瓦。

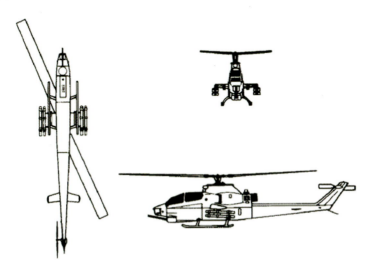

AH-1 直升机三视图

机载武器

AH-1 直升机的主要武器为 1 门 20 毫米 M197 机炮（备弹 750 发），机身上有 4 个武器挂载点，可按不同的配置

AH-1 直升机执行任务训练

方案选挂 BGM-71"陶"式、AIM-9"响尾蛇"、AGM-114"地狱火"等导弹，以及不同规格的火箭发射巢和机枪吊舱等。AH-1 直升机的主要用途是攻击装甲目标，其机身细长、正面狭窄，在一定程度上提高了生存性能，不易被攻击。

电子设备

为了提高战场生存力，AH-1 加装了红外信号干扰器、红外辐射抑制器、雷达信号警告器。机上的激光测距能精确提供目标的瞬时距离，在火控计算机输入、综合风速、炮弹弹道数据后，机头的 M28 活动炮塔能自动发射，有效地提高了机炮的战斗力。

AH-1 直升机局部特写

Chapter 05　武装直升机

服役记录

在 1991 年的海湾战争中,美军的 AH-1"眼镜蛇"的现代化改型参加了实战。陆军和陆战队都派出了"眼镜蛇"参加战斗,陆军派出了 145 架,陆战队派出了 48 架。这些 AH-1"眼镜蛇"大部分安装了进气口砂滤器,分散在各个沙漠前进基地作战。

AH-1 直升机侧方特写

10 秒速识

AH-1 直升机的机身为窄体细长流线型,两侧有外挂武器的短翼,翼下各有两个武器挂架。机头突起,下方吊装了机炮。

AH-1 直升机正在降落

美国 AH-6 "小鸟" 武装直升机

AH-6 是休斯直升机公司研制的一款武装直升机,绰号"小鸟"(Little Bird)。

研发历史

1960 年,美国陆军提出轻型观察直升机计划(LOH),休斯直升机公司、贝尔直升机公司、希勒飞机公司参与了招标。两年后,休斯公司制造了 5 架 OH-6A 原型机与贝尔公司的 OH-4A 和希勒公司的 OH-5A 进行竞争。1965 年 2 月 26 日,休斯公司的 OH-6A 在竞争中获胜。1966 年 9 月,被命名为"印第安种小马"(Cayuse)的 OH-6 直升机开始交付。20 世纪 70 年代后期,为使轻型直升机也能具备一定强度的火力打击能力,休斯公司又在 OH-6 直升机的基础上发展出了 AH-6 武装直升机和 MH-6 轻型突击直升机,均被美国陆军称为"小鸟"。AH-6 直升机是世界上最小的武装直升机,具有低噪音、低红外成像等特点。

基本参数	
长度	9.94 米
高度	2.48 米
旋翼直径	8.3 米
乘员	2 人
空重	722 千克
最大起飞重量	1610 千克
最大速度	282 千米/时
最大航程	430 千米
最大升限	5700 米

Chapter 05　武装直升机

AH-6 直升机在海上飞行

机体构造

最初的 AH-6 直升机是以 OH-6 直升机为基础改良而来的，后期的版本则是以民用的 MD 500E 直升机为发展蓝本。AH-6 直升机安装了"黑洞"红外压制系统，为了安置这套系统，原来单个纵向排列的排气口被塞住，改为机身后部两侧两个扩散的排气孔。为了便于运输，AH-6 直升机的尾梁可以折叠。

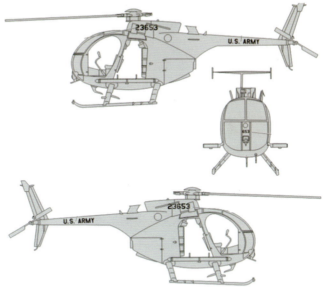

AH-6 直升机三视图

AH-6 直升机的机身通常以无光黑色涂料涂装，这也强调了使用它的单位偏爱借着黑夜的掩护执行特战任务。

机载武器

AH-6 直升机可以搭载的武器种类较多,包括 7.62 毫米机枪、30 毫米机炮、70 毫米火箭发射巢、"陶"式反坦克导弹等,甚至还能挂载"毒刺"导弹进行空战。

AH-6 直升机底部特写

电子设备

AH-6 直升机采用了雷锡恩公司的 zso-2 光电/红外传感器和目标指示器,可为直升机提供导航、监视和目标瞄准能力,提高了态势感知能力。AH-6 直升机采用 MX-15D 成像转塔,内部集成了光电/红外、前视红外等 6 种传感器,可以提供百万像素级的高分辨率彩色视频,并带有激光指示器。传感器采用了在分辨率和瞄准线稳定方面优化的大孔径光学系统,具有较远的识别距离。

AH-6 直升机可选装 AIM-1 激光指示器、AN/AAQ-16 前视红外探测系统 KNS 600 飞行管理系统、AN/APN-209 雷达高度表、GPS、塔康导航系统、奥米加/伏尔系统等。

Chapter 05　武装直升机

航展上的 AH-6 直升机

服役记录

在特种作战行动中，AH-6 直升机可以依靠小巧灵活的特点降落在狭小的街道，并在放下特战队员后快速起飞脱离危险区域。1991-1992 年美国陆军装备了 30 多架新造的 AH-6J/MH-6J 直升机。目前，160 特种部队有 18 架 AH-6 和 18 架 MH-6 直升机，绰号都叫"小鸟"。

AH-6 直升机执行任务训练

10秒速识

AH-6直升机最鲜明的特点是机身外形，通常被形容为水滴状，也被形象地称为"飞蛋"。沿用了T形尾翼设计，承袭了4桨叶尾桨。

AH-6直升机局部特写

美国AH-64"阿帕奇"武装直升机

AH-64是休斯直升机公司研发的武装直升机，绰号"阿帕奇"(Apache)。

Chapter 05 武装直升机

研发历史

20世纪70年代初期,鉴于AH-1"眼镜蛇"武装直升机在实战中表现良好,美国陆军决心发展一种更为先进的武装直升机,并提出了"先进技术武装直升机"(AAH)计划,要求研发一种具备较强环境适应力,可昼夜作战且要具备较强战斗力、救生能力和生存能力的先进技术直升机。波音、贝尔、休斯、洛克希德、西科斯基等五家公司参与了竞标,其中贝尔

基本参数	
长度	17.73 米
高度	3.87 米
旋翼直径	14.63 米
乘员	2 人
空重	5165 千克
最大起飞重量	10433 千克
最大速度	293 千米/时
最大航程	1900 千米
最大升限	6400 米

和休斯进入了第二阶段竞标。休斯的YAH-64原型机于1975年9月首次试飞,1976年5月竞标获胜,1981年正式被命名为"阿帕奇",1984年1月第一架生产型交付。AH-64直升机是美国陆军的现役主力武装直升机,其最先进的改型为AH-64D"长弓阿帕奇",拥有相当出色的作战能力。

AH-64 直升机进行低空飞行

机体构造

AH-64直升机的机身采用了传统的半硬壳结构,前方为纵列式座舱,副驾驶员/炮手在前座、驾驶员在后座。驾驶员座位比前座高,且靠近直升

机转动中心，视野良好，有利于驾驶直升机贴地飞行。AH-64直升机机体前段以塑钢强化的多梁不锈钢结构制造，后段则使用塑钢蒙皮的蜂巢结构。起落架为后三点式，支柱可向后折叠，尾轮为全向转向自动定心尾轮。该机采用四片桨叶全铰接式旋翼系统、钢带叠层式接头组件和弹性体摆振阻尼器。

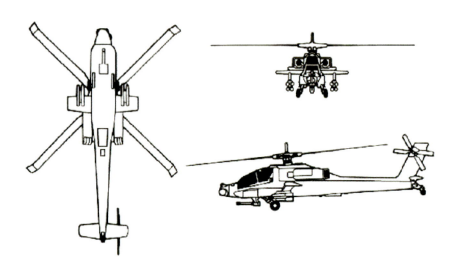

AH-64直升机三视图

机载武器

AH-64直升机的主要武器为1门30毫米M230"大毒蛇"链式机关炮，备弹1200发。该机有4个武器挂载点，可挂载16枚AGM-114"地狱火"导弹或76枚火箭弹（4个19管火箭发射巢），也可混合挂载。此外，该型号还可使用AIM-92"刺针"、AGM-122"赛德阿姆"、AIM-9"响尾蛇"、BGM-71"拖"式等导弹。AH-64直升机旋翼的任何部分都可抗击12.7毫米子弹，机身表面的大部分位置在被1发23毫米炮弹击中后，能保证继续飞行30分钟。

Chapter 05 武装直升机

AH-64 直升机侧方特写

电子设备

为了随时在前线执行作战任务，AH-64 乘员可使用整合于头盔中的夜视系统，在夜间及其他恶劣气候条件下作战。同时 AH-64 也配备了先进的航空电子设备，包括目标识别瞄准系统／飞行员夜视系统（TADS/PNVS），以及被动式的雷达与红外线反制装置和 GPS 等。同时最新的改良则包括了加强主旋翼以承受 23 毫米机炮的短暂射击，以及在主旋翼上方搭载长弓（Longbow）毫米波雷达系统等。

AH-64 直升机对地发射热焰弹

服役记录

AH-64 机群在"沙漠风暴"行动中发射了 5000 多枚"地狱火"导弹，击毁约了 500 辆主战坦克（其他目标未列入），平均命中率约 80%。为了避免标定的激光束遭到沙尘与闪光干扰，美军 AH-64 通常以 LOAL 射后锁定模式发射"地狱火"导弹接战。在战事中，曾有一架 AH-64 连续发射 7 枚"地狱火"导弹，并击毁 7 辆伊拉克坦克。

装备美国陆军的 AH-64 直升机

10 秒速识

AH-64 旋翼桨叶为大弯度翼型，采用了后掠桨尖。桨叶上安装有除冰装置，可折叠或拆卸。尾桨位于尾梁左侧，四片尾桨桨叶分两组非均匀分布。

AH-64 直升机前方特写

美国 S-97 "侵袭者" 武装直升机

S-97 "侵袭者" （Raider）是西科斯基公司研制的新型武装直升机。

研发历史

由于 OH-58D "奇欧瓦战士" 侦察直升机的老化，美国陆军需要购买数百架新式侦察/攻击直升机进行替换。2010 年 10 月，西科斯基公司正式启动 S-97 "侵袭者" 直升机的研究

基本参数	
长度	11 米
乘员	2 人
最大起飞重量	4990 千克
最大速度	444 千米／时
最大航程	570 千米
最大升限	3048 米

项目，在直升机领域具有划时代的意义。2014 年 5 月 9 日，美国西科斯基公司的官员表示，预计在 2014 年 12 月 1 日首飞 S-97" 侵袭者 " 直升机。但直到 2015 年，S-97 直升机才进行首次飞行。

低空飞行的 S-97 直升机

机体构造

S-97 直升机采用共轴对转双螺旋桨加尾部推进桨的全新设计，能以超过 370 千米/时的速度巡航，执行突击任务时其速度能进一步提升到 400 千米/时以上。S-97 直升机另类的尾桨设计能够确保直升机具备非常出色的静音性，打破以往直升机无法进行有效偷袭任务的局面。其机身为复合材料制造，反转的主旋翼提供升力和飞行速度，机尾的推进系统提供了高速度的加减速性能。

S-97 直升机示意图

机载武器

S-97 "侵袭者" 直升机目前只有两个外挂架，其原型机将会进一步提高。根据装备的不同，S-97 直升机能够执行武装侦察、轻型突击、搜索营救、伤员护送等任务。它可以配装备机枪、火箭弹和 "地狱火" 导弹。

高空飞行的 S-97 直升机

Chapter 05　武装直升机

▎电子设备

　　S-97"侵袭者"直升机机头下方的光电球,能够提供昼夜及恶劣气候条件下的观瞄。量产型根据任务不同,将会拥有更为完善的雷达光电探测设备。S-97直升机拥有电传操控和主动振动控制技术,能够有效降低所受到的阻力,减少声学特征,并提高巡航速度。

S-97直升机准备降落

▎服役记录

　　西科斯基公司在2010年首次试飞了X-2共轴式技术验证机,S-97是在X-2基础上改进的。2015年5月22日,S-97直升机进行了首飞。

S-97直升机前方特写

10秒速识

S-97直升机具备与同轴逆转(共轴逆转)的主旋翼,上下两层主旋翼均为四桨结构,并带有一个六片桨叶的尾部推进器。

S-97直升机前侧方特写

俄罗斯米-24"雌鹿"武装直升机

米-24"雌鹿"(Hind)是米里设计局研制的苏联第一代专用武装直升机。

Chapter 05 武装直升机

研发历史

1968 年，苏联陆军提出了米–24 直升机的设计要求，由米里担任总设计师，1969 年原型机首次试飞。1970 年米里去世之后，季莫申科接替了他的职务，并主持设计了后来大量装备军队的米–24D 直升机。米–24 直升机于 1971 年定型，1972 年底投入批生产，随后开始装备部队使用。1975 年，一位女机师用米–24 直升机创下了最快爬升、最快速度、最高高度的直升机世界纪录。

基本参数	
长度	17.5 米
高度	6.5 米
旋翼直径	17.3 米
乘员	3 人
空重	8500 千克
最大起飞重量	12000 千克
最大速度	335 千米／时
最大航程	450 千米
最大升限	4500 米

米-24 直升机进行低空飞行

机体构造

米–24 直升机的机身为全金属半硬壳式结构，驾驶舱为纵列式布局。前座为射手，后座为驾驶员。后座比前座高，驾驶员视野较好。座舱盖为铰接式，向右打开。驾驶舱前部为平直防弹风挡玻璃，重要部位安装有防护装甲。主舱设有 8 个可折叠座椅或 4 个长椅，可以容纳 8 名全副武装的士兵。主舱两侧各有 1 个铰接舱门，水平分开成两部分，可分别向上和向下打开。机舱内备有加温和通风装置。

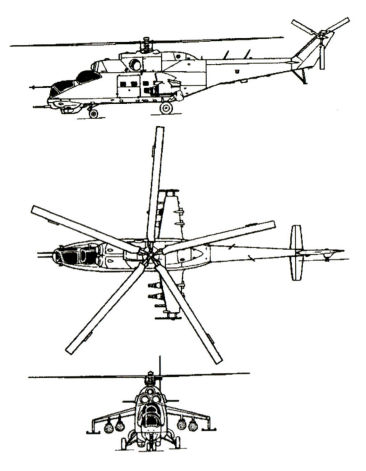

米-24直升机三视图

机载武器

米–24直升机的主要武器为1挺12.7毫米"加特林"四管机枪。该机有4个武器挂载点，可挂载4枚AT-2"蝇拍"反坦克导弹或128枚57毫米火箭弹（4具UV-32-57火箭发射器）。此外，还可以挂载1500千克化学或常规炸弹，以及其他武器。米–24直升机的机身装甲很强可以抵抗12.7毫米子弹攻击。

Chapter 05　武装直升机

米-24 直升机前侧方特写

电子设备

　　米–24 武装直升机的电子设备有甚高频和特高频无线电台、自动驾驶仪、雷达高度表、盲目飞行仪表设备、弹道计算机，以及有地图显示器的无线电罗盘。其安全系统包括 3 台发电机的双套电气系统和增稳系统。旋翼桨叶和尾桨桨叶均装有电加热防冰系统。

米-24 直升机在高空飞行

服役记录

米-24武装直升机于1969年首飞，1973年正式列装，现阶段仍有1000多架在俄罗斯服役，曾出口到阿富汗、越南、阿尔及利亚、安哥拉、古巴、印度、苏丹等国。

在两伊战争中，曾经发生了118场战斗机与直升机间的空战，56场直升机之间的空战。其中10场是伊拉克的米-24与伊朗的AH-1J之间的空战。

米-24直升机发射热焰弹

10秒速识

米-24机身上安装有全金属悬臂短翼。短翼为全金属悬臂短翼，平面为梯形。尾梁下有管状的三角尾橇。

米-24直升机准备降落

俄罗斯米-28"浩劫"武装直升机

米-28"浩劫"(Havoc)是米里设计局研制的一款单旋翼带尾桨全天候专用武装直升机。

研发历史

米-28直升机于1972年开始设计,1982年11月首次试飞,1989年6月完成了90%的研制工作,并在法国国际航空展中首次亮相。由于设计理念大量借鉴了AH-64"阿帕奇"直升机,因此米-28被西方国家戏称为"阿帕奇斯基"。虽然自问世以来,米-28

基本参数	
长度	17.01 米
高度	3.82 米
旋翼直径	17.20 米
乘员	2 人
空重	8100 千克
最大起飞重量	11500 千克
最大速度	325 千米／时
最大航程	1100 千米
最大升限	5800 米

的综合性能受到俄军的高度肯定,然而苏联解体之后的俄军缺乏足够的采购经费,因此很长一段时间都无力购买。目前,俄罗斯装备了少量米-28直升机。米-28直升机综合性能优异,多年来经常出现在国际武器装备展,是俄制新时代武器装备的代表之一。

米-28 直升机在山间飞行

机体构造

米–28 直升机的机身为全金属半硬壳式结构,驾驶舱为纵列式布局,四周配有完备的钛合金装甲,并装有无闪烁、透明度好的平板防弹玻璃。前驾驶舱为领航员/射手,后面为驾驶员。座椅可调高低,能吸收撞击能量。起落架为不可收放的后三点式。该机的旋翼系统采用半刚性铰接式结构,大弯度的高升力翼形,前缘后掠,每片后缘都有全翼展调整片。桨叶为5片,转速242转/分。米–28 直升机采用2台克里莫夫设计局的TV3–117发动机,单台功率为1640千瓦。

米-28 直升机三视图

机载武器

米-28 直升机的主要武器为 1 门 30 毫米 2A42 机炮,备弹 250 发。该机有 4 个武器挂载点,可挂载 16 枚 AT-6 反坦克导弹或 40 枚火箭弹(两个火箭巢)。此外,还可以挂载 AS-14 反坦克导弹、R-73 空对空导弹、炸弹荚舱、机炮荚舱。米-28 直升机的内部总油量为 1900 升,还可吊挂 4 个外部油箱。该机的机身横截面小,有助于提高灵活性和生存能力。座舱安装了 50 毫米厚的防弹玻璃,能承受 12.7 毫米枪弹的打击。

米-28 直升机进行编队飞行

电子设备

米-28 直升机头部的圆形整流罩内安装有雷达天线,另外螺旋桨液压油箱上安装有"弩"毫米波雷达,可探测隐身目标。此外,还安装有红外抑制和红外诱饵系统。其最新改进型号是米-28N,具有高分辨能力的毫米波和厘米波双波段雷达系统,并与信息系统配套,所以米-28N 能在黑夜,甚至连微弱星光也没有的恶劣气象条件下作战。所配备的夜视镜以人们习惯的方式提供信息,使用方便。此外还安装有微光电视、激光测距仪、头盔目标指示器、全球定位系统等,对观察、识别、跟踪目标和导航都有帮助。

米-28 直升机前方特写

服役记录

2008年7月，米-28直升机完成在山地条件下的例行试验，从而证实了这种武装直升机白天在3000米高山未平整场地安全起飞和降落的能力。据俄新网2008年12月援引土耳其《祖国报》的报道，土耳其花费了10亿美元向俄罗斯购买32架米-28直升机。

米-28 直升机底部特写

Chapter 05　武装直升机

10 秒速识

　　米-28 在机身中部安装有小展弦比悬臂短翼，前缘后掠，机身比较细长。两片桨叶的尾桨安装在垂直安定面的右边。

米-28 直升机前侧方特写

俄罗斯米-35"雌鹿 E"武装直升机

　　米-35 是俄罗斯米里设计局研制的一款中型通用直升机，北约代号"雌鹿 E"（Hind E）。

研发历史

米-35 实际上是米-24V"雌鹿E"直升机的出口版,而米-24V是米-24系列中产量最大的版本。米-35其他型号还包括米-35M(出口夜战版)、米-35P(米-24P出口版)、米-35U(教练机版)。其中,米-35M于2004年上半年首飞,堪称米-35系列中性能最优秀的一款。2004年起装备俄罗斯陆军航空队。

基本参数	
长度	18.8 米
高度	6.5 米
旋翼直径	17.1 米
乘员	2 人
空重	8200 千克
最大起飞重量	11500 千克
最大速度	330 千米/时
最大航程	500 千米
最大升限	4500 米

米-35 直升机在城市上空飞行

机体构造

米-35可执行多种任务,其突出特点是有1个可容纳8名人员的货舱,最大起飞重量超出米-8武装型一倍。米-35M改装了米-28的旋翼、尾桨和传动系统,全机重量减轻300千克,发动机输出推力增大了300千克。

Chapter 05　武装直升机

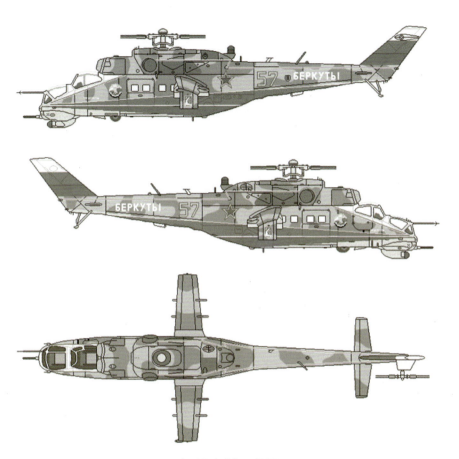

米-35 直升机三视图

机载武器

米–35 可挂载 16 枚 9M120 反坦克导弹，9M120 反坦克导弹采用抗干扰的无线电指令导引，可以炸穿 850 毫米厚装甲的坦克，米–35 也可挂载"针"–B 空对空导弹从而作为低空战斗机去进行空战，米–35 改用双管 23 毫米口径机炮去取代米–24 的四管 12.7 毫米口径的机枪。

米-35 直升机前侧方特写

电子设备

米–35 直升机飞行员采用红外线夜视仪和全球定位系统,机上配备的卫星导航系统可将导航数据实时传到头盔显示器上,以利飞行员及时修正航向。其他电子装备包括机头右下方乌拉尔光电工厂(UOMZ)光电观瞄系统在内的电子设备。该观瞄系统包括白光、夜视、激光等通道。

米-35 直升机前方特写

服役记录

2003 年 9 月俄罗斯向印度尼西亚提供了 2 架米–35 武装直升机。2008 年俄罗斯将分批向印度尼西亚提供 6 架米–35 武装直升机。2015 年

Chapter 05　武装直升机

12月叙利亚北部反恐行动中发现米–35M已经投入实战。

米-35直升机发射热焰弹

10秒速识

米–35直升机采用5片矩形桨叶旋翼，垂尾式尾斜梁，尾桨为3片桨叶。

米-35直升机进行飞行表演

俄罗斯卡-50"黑鲨"武装直升机

卡-50"黑鲨"（Black Shark）是卡莫夫设计局研制的一款单座武装直升机。

研发历史

卡-50直升机于1977年完成设计，1982年7月27日首次试飞，1984年首次对外公开，1991年开始交付使用，1992年底获得初步作战能力，1995年8月正式服役。幸运的是，在苏联解体大减军费前，卡-50直升机就已经进入了全尺寸生产阶段，所以只被减少了建造数量，整个项目并没有因此夭折。该机是世界上第一架采用单人座舱、同轴反转旋翼、弹射救生座椅的武装直升机。

基本参数	
长度	13.5 米
高度	5.4 米
旋翼直径	14.5 米
乘员	1 人
空重	7800 千克
最大起飞重量	10800 千克
最大速度	350 千米／时
最大航程	1160 千米
最大升限	5500 米

Chapter 05　武装直升机

卡-50直升机在低空飞行

机体构造

卡–50直升机的机身为半硬壳式金属结构，采用单座舱设计。该机是世界上第一种采用同轴反向旋翼的武装直升机，两个同轴反向旋翼装在机身中部，每个三叶旋翼，各旋翼的旋转作用力相互抵消，因此不需要尾桨，尾部也不需要再配置复杂的传统系统，整机的重量大大减轻。最重要的是，不再需要传输部分动力去转动尾旋翼，动力尽数供给主旋翼，大大增加了直升机的升力。该机的机尾只是为了平衡全机的空气动力和改善操纵性，即使整个尾部被打掉，卡–50直升机仍能安全着陆。

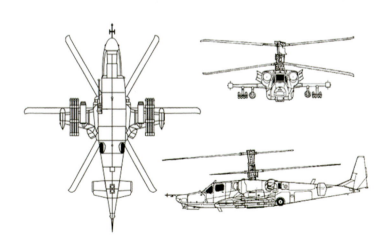

卡-50直升机三视图

机载武器

卡-50直升机安装有1门液压驱动的30毫米2A42机炮,最大载弹量为500发。机身上共有4个武器挂载点,可挂载16枚AT-9"旋风"反坦克导弹或80枚80毫米S8型空对地火箭(4个火箭弹舱)。此外,还可使用AS-12导弹、P-60M"蚜虫"导弹、P-73"射手"导弹、FAB-500型炸弹、23毫米机炮吊舱等。卡-50直升机是第一架像战斗机一样配备了弹射座椅的直升机,飞行员利用此装置逃生只需要短短2.5秒。

卡-50直升机进行编队飞行

电子设备

卡-50直升机座舱内安装有米格-29战斗机的头盔显示器及其他仪表,包括飞行员头盔上的瞄准系

卡-50直升机前侧方特写

统。另外，在仪表板中央装设了低光度电视屏幕，它可以配合夜视装备使卡-50直升机具有夜间飞行能力。

服役记录

2001年1月，卡-50直升机展开第一次实战任务攻击车臣反政府武装。到2011年为止，俄空军总共获得过约10架卡-50，但现在能够升空飞行的不超过6架。2011年9月10日报道，俄罗斯空军已决定不再采购单座型的卡-50攻击直升机。

卡-50直升机在城市上空飞行

10秒速识

卡-50直升机的机身较窄，具有很好的流线型，机头呈锥形，机身两侧有短翼，每侧短翼下有2个挂架。后段机身上有带端板的水平尾翼。后段机身/尾梁逐渐变细，尾端装有较高的垂尾。

卡-50直升机侧方特写

俄罗斯卡-52"短吻鳄"武装直升机

卡-52"短吻鳄"（Alligator）是卡莫夫设计局在卡-50基础上改进而来的一款武装直升机。

研发历史

20世纪末，为了更好地发挥其威力，卡-50非常需要一个能为其提供战场情报、进行协调与控制的保障机。这样，能够提供各种情报、进行战场控制的双座型卡-52"短吻鳄"也就应运而生了。

卡-52被称作"智能"型直升机，它具有最新的自动目标指示仪和独特的高度程序，能为战斗直升机群进行目标分配，以充分发挥卡-50战斗直升机的作用和协调其机群的战斗行动。

基本参数	
长度	15.96 米
高度	4.93 米
旋翼直径	14.43 米
乘员	2 人
空重	8300 千克
最大起飞重量	10400 千克
最大速度	310 千米/时
最大航程	1100 千米
最大升限	5500 米

Chapter 05 武装直升机

卡-52 直升机前侧方特写

机体构造

卡-52 采用了卡-50 直升机的动力装置、旋翼、垂尾、起落架、武器及一系列机载系统,85% 的零部件与已经批量生产的卡-50 直升机通用。卡-52 与卡-50 最明显区别是座舱设置了第二乘员位置,这大大扩大了直升机的功能。第二乘员可保障实施侦察或电子对抗,搜索和识别远距离目标,能在任何天气条件下和任何时间指示目标,并区分目标,协调与地面部队及攻击机的行动,以及执行其他任务。

机载武器

卡-52 安装有 1 门口径

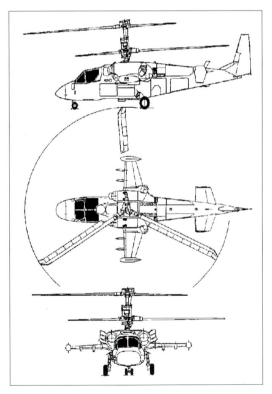

卡-52 直升机三视图

255

为 30 毫米的 2A42 型可移动自动机炮，可带炮弹 280 发。该机炮能水平移动并有限地上下移动。其短翼下的 4 个武器挂架，能挂载 12 枚"旋风 –M"带激光制导和串联战斗部的超音速反坦克导弹，也可安装 4 个 B—8B20A 火箭发射巢，每个火箭巢可带 20 枚 80 毫米直径的 C—8 非制导航空火箭。这些火箭可带各种战斗部，如爆破弹、照明弹等。

卡 -52 直升机前方特写

电子设备

卡 –52 既能使用俄罗斯生产的设备，也能配备外国生产的设备。驾驶舱上部的球状物里，安装有俄罗斯国产的"黄杨"三维光电子定位系统，该系统包括热视仪、电视仪和激光仪。机身右下方的球形陀螺定位仪上，安装有带激光测距仪和目标指示器的大功

卡 -52 直升机进行编队飞行

率瞄准头，它能发现并高度准确地跟踪5千米内的小型目标。

服役记录

俄罗斯空军 2011 年 5 月 24 日接装首批四架量产型的卡–52 "短吻鳄"多用途攻击直升机。俄国防部新闻局发言人弗拉基米尔·德里科上校在接受采访时表示，这批直升机将部署俄空军远东司令部下属航空基地。

卡-52 直升机发射热焰弹

10 秒速识

卡–52 直升机的最显著特点是采用了并列双座布局的驾驶舱，而传统的武装直升机都为串列双座布局。

卡-52 直升机侧方特写

欧洲"虎"式武装直升机

"虎"式（Tiger）是由欧洲直升机公司研制的一款武装直升机。

研发历史

20世纪70年代，鉴于专用武装直升机在局部战争中的出色表现，世界各国纷纷研制并装备这个机种。当时，法国和德国分别装备了"小羚羊"武装直升机和Bo 105P武装直升机，但都是由轻型多用途直升机改装而来。因此，两国决定以合作形式，研制一种专用武装直升机——"虎"式直升机。该机于1984年开始研制，1991年4月原型机首飞，1997年首批交付法国。按照2013年的市值，"虎"式直升机的单位造价约3610万欧元。

基本参数	
长度	14.08 米
高度	3.83 米
旋翼直径	13 米
乘员	2 人
空重	3060 千克
最大起飞重量	6000 千克
最大速度	315 千米／时
最大航程	800 千米
最大升限	4000 米

"虎"式直升机前方特写

机体构造

"虎"式直升机座舱为纵列双座,驾驶员在前座,炮手在后座,与大多数武装直升机相反。座椅分别偏向中心线的两侧,以提升后座炮手的视野。两台发动机分置于机身两侧,每台前后各有1个排气口。起落架为后三点式轮式。机体广泛采用复合材料,隐身性能较佳。"虎"式直升机采用全复合材料轴承的4片桨叶无铰旋翼系统。

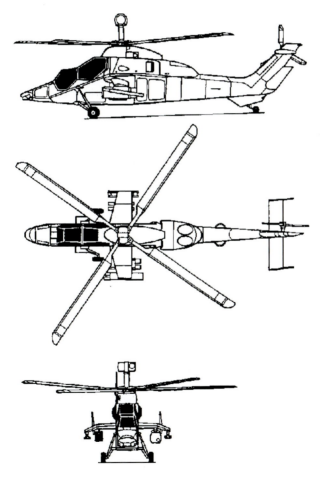

"虎"式直升机三视图

🎖 机载武器

"虎"式直升机装有1门30毫米机炮,另可搭载8枚"霍特2"或新型PARS-LR反坦克导弹、4枚"毒刺"或"西北风"空对空导弹。此外,还有两具22发火箭吊舱。"虎"式直升机可以抵御23毫米自动炮火射击,其旋翼由能承受战斗破坏的纤维材料制成,并且针对雷电和电磁脉冲采取了防护措施。

"虎"式直升机侧方特写

🎖 电子设备

"虎"式直升机的电子设备较为先进,视觉、雷达、红外线、声音信号都减至最低水平。其电子战系统整合有雷达警告器、激光警告器、导弹发射警告器以及来袭导弹测量系统等,导航系统包括CMA-2012多普勒导航雷达、GPS(全球定

"虎"式直升机进行编队飞行

位系统）、雷达高度计、低速空速侦测组件、2 台磁力计以及 2 台飞行资料计算机等。

服役记录

在 2009 年初，法国陆军决定派遣 3 架"虎"式直升机长期驻扎阿富汗，执行反游击作战、护航以及战场侦察等任务，成为第一批投入实战的"虎"式直升机，这三架直升机于 7 月 26 日抵达，8 月开始值勤。

"虎"式直升机在高空飞行

10 秒速识

"虎"式直升机的机身较短、大梁短粗。机身两侧安装短翼，外段内扣下翻，各有两个外挂点。机头呈四面体锥形前伸。尾桨为 3 叶，安装在垂尾的右侧，平尾置于尾梁后和垂尾前，在两端还装有与垂尾形状相同，但尺寸略小的副垂尾。

"虎"式直升机侧下方特写

英国 AW 159"野猫"武装直升机

AW 159"野猫"(Wild cat)是韦斯特兰公司在"山猫"系列直升机的基础上研制的一款新型武装直升机。

研发历史

该机于 2009 年 11 月首飞,2012 年 7 月开始交付。2012 年 1 月 12 日,英国国防部宣布,韦斯特兰公司制造的 AW159"野猫"直升机已经在"铁公爵"号护卫舰上完成了海上着舰试验,从而启动了历时一个月的系列海试。2013 年 1 月,韩国海军采购了 8 架"野猫"直升机。

基本参数	
长度	15.24 米
高度	3.73 米
旋翼直径	12.8 米
乘员	2 人
空重	3300 千克
最大起飞重量	6000 千克
最大速度	291 千米/时
最大航程	777 千米

Chapter 05 武装直升机

AW 159 直升机在高空飞行

机体构造

"野猫"大多数零部件是新设计的,仅有 5% 的零部件可与"山猫"通用。在外形方面,"野猫"的尾桨耐用性更强,隐身性能也更好。"野猫"采用 2 台 LHTEC CTS800 涡轮轴发动机,单台功率为 1016 千瓦。

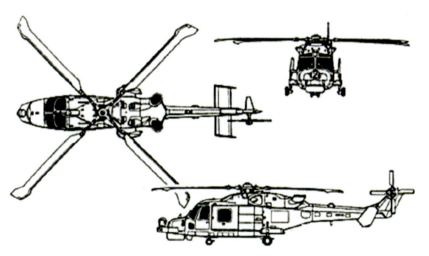

AW 159 直升机三视图

机载武器

"野猫"直升机的主要武器为 FN MAG 机枪（陆军版）、CRV7 制导火箭弹和泰利斯公司的轻型多用途导弹。海军版安装有勃朗宁 M2 机枪，还可搭载深水炸弹和鱼雷。

AW 159 直升机侧方特写

电子设备

"野猫"直升机使用最新式机载雷达和声呐探测设备，安装了数字化自动飞控系统。韩国的 AW159 直升机还配备了塞莱斯公司提供的吊放式声呐和联合声学处理系统、辅助防御组件和电子对抗系统。

AW 159 直升机进行编队飞行

Chapter 05 武装直升机

服役记录

英国是AW159"野猫"直升机的主要用户,其中英国陆军订购了34架及海军则订购了28架。AW159"野猫"在2011年进行了交机工作,英国陆军及海军的AW159"野猫",分别在2014年及2015年投入服役。该型直升机潜在的客户还包括丹麦、印度尼西亚和韩国。

AW 159直升机前侧方特写

10秒速识

"野猫"直升机是"山猫"系列直升机的最新型,因此外形颇为相似,但是"野猫"的尾桨经过了重新设计。

AW 159直升机前方特写

英国/法国 SA 341/342 "小羚羊"武装直升机

SA 341/342 "小羚羊"（Gazelle）是由原法国宇航公司和英国韦斯特兰公司共同研制的一款轻型直升机。

研发历史

"小羚羊"直升机研制计划最初由法国提出，用于取代"云雀"Ⅱ直升机。1964年开始研制。1967年法英两国开始共同研制。第一架原型机称为SA340，1967年4月7日首飞。第二架原型机称为SA341，1968年4月首飞，第一架预生产型直升机在1971年8月6日首飞。该机曾出口到40多个国家，产量较高。

基本参数	
长度	11.97 米
高度	3.19 米
旋翼直径	10.5 米
乘员	2 人
空重	991 千克
最大起飞重量	1900 千克
最大速度	260 千米／时
最大航程	710 千米
最大升限	4100 米

Chapter 05 武装直升机

"小羚羊"直升机侧方特写

机体构造

"小羚羊"的机体大量使用了夹心板结构,座舱框架为轻合金焊接结构,安装在普通半硬壳底部机构上。其采用了三片半铰接式旋翼,可人工折叠。采用钢管滑橇式起落架,可加装机轮、浮筒和雪橇等。

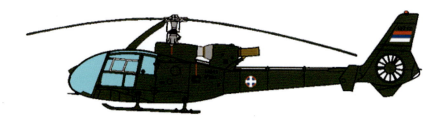

"小羚羊"直升机示意图

机载武器

"小羚羊"直升机可以担负反坦克、侦察、运输、救护、护航等多种任务。该机可装2个布朗特68毫米FZ70毫米火箭弹吊舱,4枚或6枚"霍特"有线制导导弹,2挺前射7.62毫米机枪或1门安装在右侧的20毫米GIATM621机炮。

"小羚羊"直升机在低空飞行

电子设备

"小羚羊"直升机所配备的导航设备可选用无线罗盘、无线电高度表和甚高频全向信标，还可选装自动驾驶仪。电子对抗设备包括 AWARE-3 雷达告警接收机和激光指导器。

"小羚羊"直升机正在降落

服役记录

1982 年英阿马岛战争中，"小羚羊"直升机在英军的垂直登陆作战中发挥了重要作用。该型机与英海军的其他直升机一起，将英军突击队员和所需物资大量运往上岸，使英军能迅速建立滩头阵地。在此后的行动中，英军多次使用小羚羊等直升机实施蛙跳战术，大大加快了部队进攻的速度，取得了很好的效果。海湾战争中，英国派出了18架"小羚羊"参战，法国第6轻装甲师的两个直升机团装备的"小羚羊"也被派到海湾地区执行任务。

"小羚羊"直升机前侧方特写

10秒速识

"小羚羊"机头呈卵形，可透视部位占机身表面一半以上，大梁略上翘，平尾安装在垂尾前尾梁上，两端装有五边形小垂尾，主垂尾向下有梯形突出，向后有三角形突出部位。

黑色涂装的"小羚羊"直升机

南非 CSH-2 "石茶隼" 武装直升机

CSH-2 是由南非阿特拉斯公司研制的一款武装直升机，绰号"石茶隼"（Rooivalk）。

研发历史

出于各方面的原因，南非军队在 20 世纪 90 年代之前要长期面对直接作战任务。这些任务往往规模小，但强度大，因此南非军队对装备的要求很高，最重要的是独立作战能力必须非常好，性能要可靠，对后勤维护依赖程度低。经过不断努力，南非的地面装备均达到了上述要求。此后，南非陆军又着手研制一种具有世界先进水平的武装直升机，为地面提供支援，这就是 CSH-2 "石茶隼"武装直升机。该型直升机于 1984 年开始研制，1990 年 2 月首次试飞，1995 年投入使用。

基本参数	
长度	18.73 米
高度	5.19 米
旋翼直径	15.58 米
乘员	2 人
空重	5730 千克
最大起飞重量	8750 千克
最大速度	309 千米／时
最大航程	1200 千米
最大升限	6100 米

Chapter 05 武装直升机

CSH-2 直升机在跑道上

机体构造

CSH-2 直升机的座舱和武器系统布局与美国 AH-64 直升机相似：机组为飞行员、射击员 2 人。纵列阶梯式驾驶舱使机身中而细长。后三点跪式起落架使直升机能在斜坡上着陆，增强了抗坠毁能力。2 台涡轮轴发动机安装在机身肩部，可提高抗弹性。其采用了两侧短翼来携带外挂的火箭、导弹等武器。前视红外、激光测距等探测设备位于机头下方的转塔内，前机身下安装有外露的机炮。与

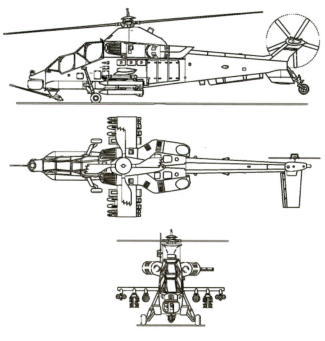

CSH-2 直升机三视图

AH-64直升机不同的是，CSH-2直升机的炮塔安装在机头的下前方，而不是在机身正下方。这个位置使得机炮向上射击的空间不受机头遮挡，射击范围比AH-64直升机大得多。

机载武器

　　CSH-2直升机安装有1门20毫米GA机炮。每个后掠式短翼安装有3个挂架，两个内侧挂架可挂载68毫米火箭发射器，两个外侧挂架能挂容量为330升的可抛投油箱或ZT-3"蛇鹈"激光制导反坦克导弹，两个翼尖挂架则各能挂载1枚V3B"短刀"红外制导短距空对空导弹，在飞行员的头盔瞄准器没有对准目标的情况下也能发射并击中目标。

CSH-2直升机底部特写

电子设备

　　CSH-2直升机前后驾驶舱各有3个单色多功能显示器，并与夜视镜是全兼容的。每个显示器能显示所要求的图像，如导航与任务地图、武器瞄准图像、威胁报警等情况。同时能显示执行任务所用的无线电频率，飞行员可用屏幕周围的硬件与软件功能键输入或处理数据。

　　座舱内设有1台小型数据存储器，可存储飞行计划和最新的作战数据，如对方地面部队、探测雷达、地对空导弹和高射炮的位置等，并能把目标数据显示在数据图上。此外，也可存入自己飞入和撤离的航线、供隐蔽的地形数据、无线电频率等。精确导航系统可利用全球卫星定位系统，在把小型数据存储器插接到驾驶舱的数据传输装置上，使飞行计划传输给导航系统后，导航系统能自动为100个定位点的5条不同的飞行航线导航。

CSH-2 直升机后方特写

服役记录

南非长期被国际社会孤立，其武器也较少向外界出口，对CSH-2直升机打入国际市场有一定影响。目前，南非正极力向外推销CSH-2直升机。

CSH-2 直升机侧下方特写

10秒速识

CSH-2直升机采用了小的机体正面横截面、后掠式短翼、敷有金属膜的平板驾驶舱玻璃。座舱、观瞄和武器系统布局与AH-64相似,但与"阿帕奇"直升机不同的是,"石茶隼"的炮塔安装在机头下前方,而不是在机身正下方。

CSH-2直升机在低空飞行

德国 BO 105 武装直升机

BO 105是德国伯尔科夫公司研制的一款双发多用途武装直升机。

Chapter 05 武装直升机

研发历史

1962年,伯尔科夫公司根据对民用市场、军用要求、技术发展趋势和自身技术水平的调查研究,提出了 BO 105 的研制计划。新式直升机于 1962 年 7 月开始初步设计,1966 年第一架原型机首次试飞,第二架原型机于 1967 年 2 月 16 日试飞,第三架原型机于当年 12 月 20 日进行试飞。20 世纪 70 年代初,BO 105 开始批量生产,截至 1995 年 1 月,BO 105 各种型别共计交付 1329 架,其用户有墨西哥、西班牙、瑞典等 40 多个国家。

基本参数	
长度	11.86 米
高度	3 米
旋翼直径	9.84 米
乘员	2 人
空重	1276 千克
最大起飞重量	2500 千克
最大速度	270 千米/时
最大航程	575 千米
最大升限	5180 米

BO 105 直升机正在发射导弹

机体构造

BO 105 的机身为普通半硬壳式结构,座舱前排为正、副驾驶员座椅。后排长椅可乘坐 3~4 人,长椅拆除后可安装两副担架或货物。座椅后和发动机下方的整个后机身都可用于装载货物和行李。该机使用普通的滑橇式起落架,舰载使用时可以改装成轮式起落架。

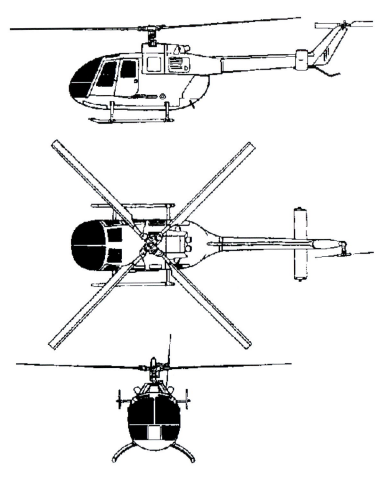

BO 105 直升机三视图

机载武器

BO 105 可携带"霍特"或"陶"式反坦克导弹,还可选用 7.62 毫米机枪、20 毫米 RH202 机炮以及无控火箭弹等。在空战时,还可使用 R550"魔术"空对空导弹。

Chapter 05 武装直升机

BO 105 直升机前侧方特写

电子设备

　　BO 105 直升机的标准设备包括基本的飞行仪表、发动机仪表、加热式皮托管。可任选的设备包括增稳系统、气象雷达、搜索雷达、多普勒导航雷达、自动驾驶仪、应急浮筒装置、辅助油箱、货钩和双人救生铰车、外部吊钩、雪橇、旋翼制动器和旋翼折叠机构等。

白色涂装的 BO 105 直升机

服役记录

2006年4月,欧洲直升机德国公司获得了一项价值1000万美元、历时三年的合同项目,为阿尔巴尼亚升级12架BO105直升机。这12架BO105直升机是德国政府为帮助阿尔巴尼亚国防部现代化其武器装备以满足成为北约成员国的条件而提供给阿尔巴尼亚的。

BO 105 直升机前侧方特写

10秒速识

BO 105直升机主要特点是采用只有变距铰的刚性旋翼,钛合金桨毂,挠性玻璃钢桨叶。玻璃钢桨叶平面形状为矩形。其中有两片桨叶在拆去一个固定螺栓后可折叠。

红色涂装的BO 105直升机

意大利 A129 "猫鼬" 武装直升机

A129 是意大利阿古斯塔公司研制的一款武装直升机,绰号"猫鼬"(Mangusta)。

研发历史

20 世纪 60 年代到 70 年代,美军在越南的作战已经显示出直升机的重要作用。为满足意大利陆军对专用轻型反坦克直升机的需求,阿古斯塔公司于 1978 年开始研制 A109 武装直升机。但意大利军方认为 A109 不能完全满足要求,于是阿古斯塔公司研制了全新的 A129 "猫鼬"武装直升机。该机于 1983 年 9 月首次试飞,同年开始服役。为了能够在国际市场中占据一席之地,阿古斯塔公司还推出了 A129 国际型。A129 直升机是欧洲第一种专用武装直升机,也是第一种经历过实战考验的欧洲国家的武装直升机。

基本参数	
长度	12.28 米
高度	3.35 米
旋翼直径	11.9 米
乘员	2 人
空重	2530 千克
最大起飞重量	4600 千克
最大速度	278 千米/时
最大航程	1000 千米
最大升限	4725 米

A129 直升机在高空飞行

机体构造

A129 直升机采用了武装直升机常用的纵列串列式座舱布局，副驾驶／射手在前，飞行员在较高的后舱内，均有坠机能量吸收座椅。机身安装有悬臂式短翼，为复合材料，位于后座舱后的旋翼轴平面内。机身结构设计主要为铝合金大梁和构架组成的常规半硬壳式结构。中机身和油箱部位由蜂窝板制成。复合材料占整个机身重量（发动机重量除外）的 45%，占空重的 16.1%，主要用于机头整流罩、尾梁、尾斜梁、发动机短舱、座舱盖骨架和维护壁板。该机的动力装置为 2 台劳斯莱斯"宝石"发动机，单台额定功率为 772 千瓦。

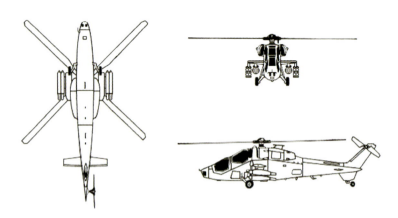

A129 直升机三视图

机载武器

A129 直升机在 4 个外挂点上可携带 1200 千克外挂物,通常携带 8 枚"陶"式反坦克导弹、2 挺机枪(机炮)或 81 毫米火箭发射舱。另外,A129 直升机也具备携带"毒刺"空对空导弹的能力。

A129 直升机侧方特写

电子设备

A129 直升机有着完善的全昼夜作战能力,它有两台计算机控制的综合多功能火控系统,可控制飞机各项性能。机上安装有霍尼韦尔公司生产的前视红外探测系统,使得飞行员可在夜间贴地飞行。头盔显示瞄准系统使驾驶员和武器操作手均可迅速的发起攻击。

A129 直升机前方特写

服役记录

1990年10月6日,首批5架A129直升机交付给意大利陆军航空兵训练中心。当时恰逢意大利陆军航空兵成立39周年,众多官员参加了交付仪式,其中包括意大利新任总统、国防部长和陆军航空兵司令。

A129直升机正在降落

10秒速识

A129直升机采用成熟而简练的全铰接4片主旋翼和半刚性三角铰接式2片尾桨。主旋翼位于三维球形弹性轴上,所有机械连杆和活动件都装在旋翼主轴内部。

A129直升机前侧方特写

印度 LCH 武装直升机

LCH（Light Combat Helicopter）是印度斯坦航空公司（HAL）研制的一款轻型武装直升机。

研发历史

2006年，印度斯坦公司宣布在ALH"北极星"通用直升机的基础上研制专用武装直升机LCH。有报道称，该直升机进行功能测试后，于2009年12月24日完成地面试车。该型机的研制进度屡次延长，原计划2008年的首飞一直拖延到2010年3月，截至2013年仍未交付使用。

基本参数	
长度	15.8 米
高度	4.7 米
旋翼直径	13.3 米
乘员	2 人
空重	2250 千克
最大起飞重量	5800 千克
最大速度	330 千米／时
最大航程	700 千米
最大升限	6500 米

LCH 直升机进行飞行表演

机体构造

LCH 直升机采用纵列阶梯式布局，机体结构上采用较大比例的复合材料。LCH 直升机的动力装置为透博梅卡"阿蒂丹"1H 发动机，最大应急功率达到 1000 千瓦。LCH 直升机的双人座舱采用了纵列式布局，机体的装甲防护程度更高并采用了时下流行的隐身技术。在安全性方面，LCH 直升机的起落架和机体下部均经过了强化设计，可在直升机以 10 米/秒的速度垂直坠落时保证飞行员的安全。

高空飞行的 LCH 直升机

机载武器

LCH 直升机的武器包括 20 毫米 M621 型机炮、"九头蛇"70 毫米机载火箭发射器、"西北风"空对空导弹、高爆炸弹、反辐射导弹和反坦克导弹等。多种武器装备拓展了 LCH 直升机的作战任务，除了传统反坦克和火力压制任务外，LCH 直升机还能攻击敌方的无人机和直升机，并且适用于执行掩护特种部队机降任务。

LCH 直升机前方特写

电子设备

LCH 直升机拥有先进的机载设备，其基本的机载设备包括：多频段的无线电设备、敌我识别系统及对抗设备、多普勒导航系统、真空速系统、无线电高度表和无线电罗盘。另外，该型机也可选择装气象雷达和"奥米伽"导航系统。

LCH 直升机前侧方特写

服役记录

LCH 直升机的主要用户是印度军方，目前已经获得印度空军 65 架、陆军 114 架的订单。

10 秒速识

LCH 直升机采用四叶主旋翼非铰接式结构，主旋翼翼尖后掠，拥有一副强有力的四叶尾桨，位于尾梁右侧。在尾梁末端，是无尾梁式尾翼和小尺寸的端板式双垂尾。

装备印度的 LCH 直升机

印度"楼陀罗"武装直升机

"楼陀罗"（Rudra）是印度斯坦航空公司在"北极星"通用直升机的基础上发展而来的另一款改进型。

研发历史

2007年8月，"楼陀罗"直升机的原型机首次试飞成功。2011年9月，该型机完成了20毫米机炮的最后发射试验。同年11月，该型机又进行了"西北风"空对空导弹和70毫米火箭的测试。2012年9月，首架生产型"楼陀罗"直升机完成了地面测试。一个月后，印度国防部批准印度陆军航空兵配装有该武装直升机。"楼陀罗"直升机的作战性能（尤其是火力）可以和其他国家的中型武装直升机相媲美，同时具有运输功能。

基本参数	
长度	15.87 米
高度	4.98 米
旋翼直径	13.2 米
乘员	2 人
空重	2502 千克
最大起飞重量	5500 千克
最大速度	290 千米／时
最大航程	827 千米
最大升限	6096 米

Chapter 05　武装直升机

"楼陀罗"直升机底部特写

机体构造

"楼陀罗"直升机的机体采用了装甲防护和流行的隐身技术，起落架和机体下部都经过了强化设计，可在直升机坠落时最大限度地保证飞行员的安全，适合在自然条件恶劣的高原地区执行任务。"楼陀罗"直升机在制造过程中大量采用复合材料，按全机重量计算，复合材料用量达55%，蒙皮中复合材料的比例更高达60%。

"楼陀罗"直升机示意图

机载武器

"楼陀罗"直升机主要用于打击坦克装甲目标及地面有生力量，具备压制敌方防空系统、掩护特种作战等能力。该型机安装有1门20毫米M621机炮，还可挂载70毫米火箭弹发射器以及"赫莉娜"反坦克导弹（最多8枚）和"西北风"空对空导弹（最多4枚）。在执行反潜和对海攻击任务时，还可挂载深水炸弹和鱼雷（2枚）。

"楼陀罗"直升机侧方特写

电子设备

"楼陀罗"直升机所采用的机载航电系统包括四通道自动飞行控制系统、全球定位系统、机头前上方加装的以色列产前视红外吊舱、高频和特高频电台、内部通话系统、红外敌我识别系统、多普勒导航系统、自动测向仪、雷达高度表、航向传感器、气象雷达及三轴陀螺稳定系统等。"楼陀罗"直升机还装备了电子战系统，配备日夜工作的摄像头、热传感器和激光指示器。

"楼陀罗"直升机前方特写

Chapter 05　武装直升机

服役记录

"楼陀罗"直升机于 2012 年开始服役,主要用户为印度陆军和空军。2013 年 2 月初,"楼陀罗"直升机从印度军用航空器适航认证中心获得了初始作战能力的认可。在当月的印度航展上,"楼陀罗"直升机首次公开展出。

"楼陀罗"直升机在低空飞行

10 秒速识

"楼陀罗"的尾梁后下方还有一个倒 S 形尾橇,旋翼为 4 片桨叶的无铰旋翼,优化的抛物线外形。垂尾包括中心垂尾和 2 个端板。

"楼陀罗"直升机侧下方特写

工作人员正在检修"楼陀罗"直升机

Chapter 06
无人作战飞机

　　无人作战飞机是利用无线电遥控设备和自备的程序控制装置操控的不载人飞机，具有无人员伤亡、使用限制少、隐蔽性好等特点。近年来由于新一代高速、隐身无人战机取得了突破性进展，因而逐渐形成一种新的颠覆性军事力量。

美国 MQ-1 "捕食者" 无人攻击机

MQ-1 是美国通用原子技术公司研制的一款无人攻击机,绰号"捕食者"（Predator）。

研发历史

1994 年 1 月，美国通用原子技术公司取得了"先进概念技术验证机"计划的研制合同。1994 年 7 月，原型机成功进行首次试飞。1995 年初，被命名为 RQ-1 的新型无人机进入美国空军服役。2001 年，RQ-1 无人机携带 AGM-114 "地狱火"导弹和 FIM-92 "刺针"导弹试飞成功，装备了武器的"捕食者"无人机被重新命名为 MQ-1。该机是美国空军的主要无人机之一，参加过多场实战。

基本参数	
长度	8.22 米
高度	2.1 米
翼展	14.8 米
空重	512 千克
最大起飞重量	1020 千克
最大速度	217 千米／时
最大航程	3704 千米
实用升限	7620 米

Chapter 06　无人作战飞机

MQ-1"捕食者"无人机侧下方特写

机体构造

MQ-1无人机可在粗略准备的地面上起飞升空，起降距离约为670米，起飞过程由遥控飞行员进行视距内控制。在回收方面，MQ-1无人机可以采用软式着陆和降落伞紧急回收两种方式。MQ-1无人机的动力装置为一台罗塔克斯914F涡轮增压四缸发动机，最大功率为86千瓦。

MQ-1"捕食者"无人机三视图

机载武器

MQ-1无人机有2个挂架，可携带两枚AGM-114"地狱火"导弹或FIM-92"刺针"导弹。

MQ-1"捕食者"无人机正在起飞

电子设备

　　MQ-1 无人机装备了 UHF 和 VHF 无线电台以及作用距离为 270 千米的 C 波段视距内数据链。机上的两色 DLTV 光学摄影机采用了 955 毫米可变焦镜头。高分辨率的前视红外系统有 6 个可调焦距,最小为 19 毫米,最大 560 毫米。诺斯洛普·格鲁曼公司的合成孔径雷达为"捕食者"提供了全天候监视能力,分辨率达到了 0.3 米精度。其他可选的载荷可按具体任务调整,包括激光指示、测距装置、电子对抗装置和运动目标指示器。

MQ-1"捕食者"无人机载跑道上

服役记录

　　自服役以来,"捕食者"无人机曾参加过发生在阿富汗、波斯尼亚、塞尔维亚、伊拉克、也门和利比亚的战争。2001 年,一架 MQ-1 无人机成功发回了本·拉登手下一名高级军官藏身地点的实时视频信号,随后多架 F-15E 战斗轰炸机轰炸了这一地区,杀死了这名军官。同年,MQ-1 无人机首次在实战中发射导弹摧毁了一辆塔利班坦克。

MQ-1"捕食者"无人机前侧方特写

10秒速识

MQ-1无人机采用低置直翼、倒V形垂尾、收放式起落架、推进式螺旋桨，传感器炮塔位于机头下面，上部机身前方呈球茎状。

MQ-1"捕食者"无人机在高空飞行

美国 MQ-9 "收割者" 无人攻击机

MQ-9 是美国通用原子技术公司研发的一款长程作战无人机,绰号"收割者"(Reaper)。

研发历史

1994 年 1 月,美国通用原子技术公司获得了美国空军"中高度远程'捕食者'无人机"计划的合同。在竞争中击败诺斯洛普·格鲁曼公司后,通用原子技术公司于 2002 年 12 月正式收到美国空军的订单,制造 2 架"捕食者"B 型无人机,之后正式命名为 MQ-9"收割者"。MQ-9 无人机是专门作为攻击用途的无人机而设计的,它比 MQ-1 无人机的尺寸更大、载重更重,具有长滞空时程、高海拔监视的能力。

基本参数	
长度	11 米
高度	3.8 米
翼展	20 米
空重	2223 千克
最大起飞重量	4760 千克
最大速度	482 千米/时
使用范围	5926 千米
实用升限	15000 米

工作人员正在对 MQ-9 无人机进行检查

Chapter 06 无人作战飞机

机体构造

每架 MQ-9 无人机配备 1 名飞行员和 1 名传感器操作员,他们在地面控制站内实现对 MQ-9 无人机的作战操控。飞行员虽然不是在空中亲自驾驶,但他手中依旧操纵着控制杆,同样拥有开火权,而且还要观测天气,实施空中交通控制,施展作战战术。

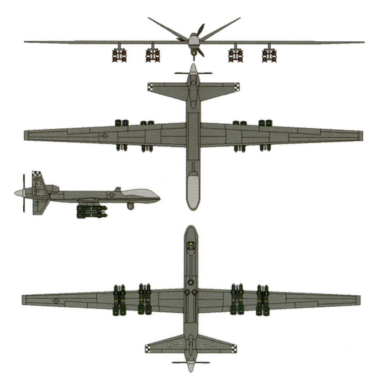

MQ-9 无人机三视图

机载武器

相比 MQ-1 无人机,MQ-9 无人机的动力更强,飞行速度可达 MQ-1 无人机的三倍,而且拥有更大的载弹量,装备 6 个武器挂架,可搭载 "地狱火" 导弹和 220 千克炸弹等武器。

MQ-9 无人机正在发射导弹

电子设备

MQ-9 无人机配备有先进的红外设备、电子光学设备、微光电视和合成孔径雷达，拥有不俗的对地攻击能力，并拥有卓越的续航能力，可在战区上空停留数小时之久。此外，MQ-9 无人机还可以为空中作战中心和地面部队收集战区情报，对战场进行监控，并根据实际情况开火。

MQ-9 无人机在高空飞行

服役记录

2007 年 11 月 9 日，英国国防部长宣布英国空军的"收割者"无人机开始在阿富汗执行打击塔利班武装分子的任务,并与美国空军共用"收割者"无人机的基础设施。截至 2017 年,美国空军已经装备了超过 160 架 MQ-9 无人机。

MQ-9 无人机局部特写

10 秒速识

尽管 MQ-9 和 MQ-1 无人机在尺寸和性能上存在差别,但两者仍然可以共用相同的控制界面。

MQ-9 无人机在跑道上

美国 X-47B "咸狗" 无人战斗机

X-47B "咸狗" 无人机是美国诺斯洛普·格鲁曼公司研制的一款试验型无人战斗航空器。

研发历史

2011年2月4日，X-47B无人机在爱德华兹空军基地完成了首飞测试。2013年5月14日，X-47B无人机在"布什"号航空母舰上成功进行了起飞测试，并于1小时后降落马里兰州帕图森河海军航空站。同年7月10日，X-47B无人机从马里兰州帕图森河海军航空站起飞，在"布什"号航空母舰上降落，完成了着舰测试。2015年4月16日，X-47B无人机与KC-707空中加油机成功完成空中加油测试。

基本参数	
长度	8.5 米
高度	1.86 米
翼展	8.465 米
空重	1740 千克
最大起飞重量	2678 千克
最大速度	1102 千米／时
最大航程	2778 千米
实用升限	12192 米

Chapter 06　无人作战飞机

X-47B 无人机正在起飞

▍机体构造

　　X-47B 无人机的外翼由铝合金部件和碳纤维环氧复合材料蒙皮组成，每个机翼都安装有副翼，并拥有高度集成的电子和液压管路。机翼可以折叠，以便减少占用的空间。X-47B 无人机没有尾翼，可以在着陆时采用大迎角便于减速，而且也不会影响到视野。

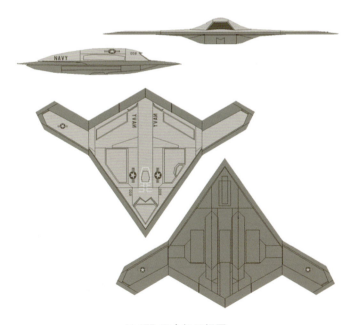

X-47B 无人机三视图

机载武器

X-47B 无人机最初被定位为舰载远程情报、监视、侦察无人平台，同时能对舰载有人作战平台进行补充，执行有限的对地打击任务。X-47B 无人机两个内置弹舱各可以容纳 1 枚 2000 磅级的 JDAM，其载弹量要远远超过现代无人机。有分析认为，按照 X-47B 无人机目前的作战性能，一旦进入防空能力较强的国家领空作战，被击落的概率很大。

X-47B 无人机在空中进行加油

电子设备

X-47B 无人机的手持式遥控装置，其设计十分奇特，主体部分可以捆绑在人的小臂上，前端是 1 个方便于手持的传动装置，后端有 1 条数据传输线，连接到背在操控员身后的信号发射器上。X-47B 可以利用计算机系统发出起飞、降落乃至空中加油等各项指令，也可在无人干预的情况下自动执行预编程任务。

X-47B 无人机在战舰上降落

Chapter 06 无人作战飞机

服役记录

2016年5月初,美国国防部公布了2017年年度预算案,"舰载监视与攻击无人机"(UCLASS)项目被调整为"舰载无人空中加油系统"(CBARS)项目,这意味着作为空中作战平台的X-47B无人机项目将被终止,取而代之的是带有X-47B血统的舰载无人加油机。

X-47B无人机侧方特写

10秒速识

X-47B无人机的外形与B-2"幽灵"轰炸机极为相似,每个机翼配有副翼,无尾翼。

X-47B无人机上方视角

美国"复仇者"无人战斗机

"复仇者"(Avenger)是美国通用原子技术公司研制的隐身无人战斗机。

研发历史

"复仇者"是在 MQ-9"收割者"无人机的基础上研制而成的,是为美国未来空战需求而开发的新型无人机。最初的研制代号为"捕食者 C"(Predator C),原型机于 2009 年 4 月进行了首次试飞。

基本参数	
机身长度	13.2 米
翼展	20.1 米
最大起飞重量	9000 千克
最大速度	740 千米/时
续航时间	20 小时
最大升限	18288 米

"复仇者"无人机前侧方特写

机体构造

"复仇者"无人机体积庞大,具有 1.36 吨的有效载荷,发动机为普惠 PW545B 喷气发动机。该发动机可让"复仇者"的飞行速度达到"捕食者"无人机的 3 倍以上。

"复仇者"无人机在跑道上

机载武器

"复仇者"无人机有 1 个长达 3 米的武器舱,可携带 227 千克级炸弹,包括 GBU-38 型制导炸弹、制导组件和激光制导组件。另外还可以将武器舱拆掉,安装 1 个半埋式广域监视吊舱。在执行非隐身任务时,可在无人机的机身和机翼下挂装武器和其他任务载荷,包括附加油箱。

"复仇者"无人机及装载武器

电子设备

"复仇者"无人机的雷达安装思路与 F-35 类似。该机也安装了对 KU 波段透波的卫星通信天线罩。该机的电力需求在初期不会超过 45 千伏安。一个广域监视传感器系统可以包括 1 套主动式相控阵雷达 (AESA)。

"复仇者"无人机在高空飞行

服役记录

2011 年,美国空军向阿富汗派遣一架新的"复仇者"无人机。美国空军发表声明称,"复仇者"无人机十分先进,拥有多种精良装备,能够执行各种战斗任务。但也有分析认为此无人机在阿富汗无用武之地,而且美军已有多架武装无人机在阿富汗执行任务,多添一架不会有太大变化。因此,有伊朗媒体认为,该无人机的真正目标是伊朗或巴基斯坦。

"复仇者"无人机侧方特写

Chapter 06 无人作战飞机

10 秒速识

"复仇者"无人战斗机采用 V 形尾翼,背部进气,采用折叠外翼。

"复仇者"无人机局部特写

以色列"哈比"无人攻击机

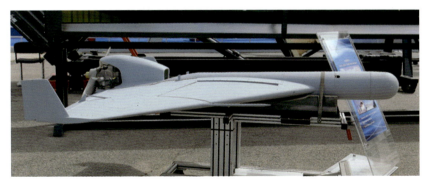

"哈比"(Harpy)是以色列航空工业公司研制的一款主要用于反雷达的无人攻击机。

研发历史

"哈比"无人机是以色列航空工业公司（IAI）在20世纪90年代研制的，于1997年在法国巴黎航展上首次公开露面，除了装备以色列空军外，韩国在2000年耗资5200万美元向以色列引进了100架"哈比"无人机。此外，土耳其和印度也有装备。

基本参数	
机身长度	2.7 米
机身高度	0.36 米
翼展	2.1 米
空重	135 千克
最大速度	185 千米／时
最大航程	500 千米
实用升限	3000 米

"哈比"无人机前方特写

机体构造

"哈比"无人机采用活塞推动，火箭加力。"哈比"无人机从卡车上发射，沿设计好的轨道飞向目标所在地区，并在空中盘旋，可以自主攻击目标和返回基地。如测出陌生的雷达，将

"哈比"无人机示意图

Chapter 06 无人作战飞机

载着 32 千克高爆炸药撞向目标。"哈比"无人机采用普通车用汽油或航空汽油作为燃料。

机载武器

"哈比"可对敌防空系统形成长时间的压制和威胁,从而为己方有人攻击机的进攻创造有利战机。"哈比"无人攻击机攻击系统由"哈比"无人机和用于控制和运输的地面发射平台组成。一个基本火力单元由 54 架无人机、1 辆地面控制车、3 辆发射车和辅助设备组成。每辆发射车有 9 个发射装置,发射箱按照三层三排布置,每个发射箱有 2 架无人机,因此 1 辆发射车可装载 18 架无人机。

"哈比"无人机发射瞬间

电子设备

每架"哈比"无人机均配有计算机系统、红外制导弹头和全球定位系统等,并用软件对打击目标进行了排序。"哈比"无人机配备有反雷达感应器和1枚炸弹,接收到敌人雷达探测信号时,可以自主对雷达进行攻击。以色列航空工业公司2000年年底正在研制配备双感应器(电磁和E-O)和数据连接的型号,使"哈比"可接收关于潜在目标的最新数据,在其指导下摧毁特殊的发射器。

展览中的"哈比"无人机

服役记录

自服役至今,"哈比"无人攻击机的主要用户为印度、土耳其和西班牙等。

10秒速识

"哈比"无人机具有三角形机翼,三角翼安装于中部,升降舵补助翼全展,方向舵位于尾部,每个机翼各有两个可收起的侧力板,内置两个玻璃纤维和碳纤维的半壳。

"哈比"无人机特写

以色列"哈洛普"无人攻击机

"哈洛普"(Harop)是以色列航空工业公司在"哈比"无人机基础上发展而来的无人攻击机。

研发历史

2005年,以色列航空工业公司在巴黎航展上正式推出"哈洛普"无人攻击机,并迅速从土耳其收获订单。

基本参数	
长度	2.75米
翼展	3米
最大起飞重量	135千克
续航时间	6小时
最大航程	1000千米

2007年8月,印度国防部与以色列航空工业公司就引进"哈洛普"无人机事宜进行谈判,两年后,印度正式宣布以1亿美元的价格引进10套"哈洛普"无人机。

"哈洛普"无人机发射瞬间

机体构造

"哈洛普"系统由两大部分组成：一是用于攻击的无人机，二是用于运输和遥控的发射平台。机身后部安装有1台活塞发动机和1个两叶螺旋桨，机体内置油箱注满燃料后最长滞空时间达6小时。"哈洛普"无人机在2000米高度飞行时，几乎不会被雷达和光电探测设备发现。

"哈洛普"无人机侧方特写

机载武器

"哈洛普"系统的基本火力单元由18架无人机、1辆地面控制车、3辆发射车和其他辅助设备组成。每辆发射车装有6个发射箱，接照2层3排固定安装，每个箱内装有1架"哈洛普"无人机。整套系统具有良好的机动性和隐蔽性能根据作战需要迅速转移并展开发射，可以在苛刻的战场条件下使用。

"哈洛普"无人机翼面底部特写

电子设备

"哈洛普"无人机机身头部装有被动雷达导引头,可对截获的不同电磁波信号进行分选、判断,并从中识别出敌方信号,以便进行目标识别和追踪。机身中部装有导航系统和战斗部,其中导航系统采用惯性导航和GPS卫星定位技术配合自动驾驶仪、三轴光纤陀螺和磁罗盘,可以让无人机按照预先编好的程序执行飞行任务。

"哈洛普"无人机前侧方特写

服役记录

2015年10月中旬,以色列航空工业公司(IAI)成功使用"哈洛普"无人机打击模拟指挥所目标。该型机可以在目标区域盘旋6个小时,发现目标后实施撞击并引爆15千克的战斗部,没有发现目标则会自行降落。

展览中的"哈洛普"无人机

Chapter 06 无人作战飞机

10秒速识

"哈洛普"无人机采用"鸭翼+三角翼"布局，机身由高强度且低成本的铝材制造，机体表面涂敷有能吸收电磁波的复合材料，且红外特征不明显。

"哈洛普"无人机及发射装置

英国"雷神"无人战斗机

雷神（Taranis）是英国国防部研发的最新无人战斗机，于2010年推出技术验证机。

研发历史

2006年年初，BAE系统公司公开了有关"雷神"无人机技术验证的一些基本情况。2006年12月7日，英国国防部在对"雷神"验证机的总体方案进行了全面细致的评审后，将一项价值1.24亿英镑的合同正式授予BAE系统公司领导的研制团队。为了凸显这项计划的地位和作用，英国国防部借用了凯尔特神话中的雷神一词，将这项计划命名为"雷神"（Taranis）计划。2010年7月12日，"雷神"无人机进行了公开展示。2013年8月10日，"雷神"无人机首次试飞成功。

基本参数	
长度	12.43米
高度	4米
翼展	10米
最大起飞重量	8000千克
最大速度	1235千米/时

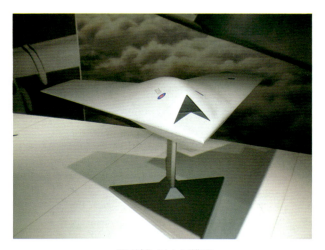

"雷神"无人机模型

机体构造

"雷神"无人机采用了大后掠前缘的翼身融合体布局，可以有效地提高升力，实现了更大的续航能力，从而确保具有跨大洲攻击的威力。"雷神"沿用了三角形进气口，进气道隆起有效地保证动力装置所需的空气流量。该机采用了海狸尾式的排气装置，将发动机的尾喷管完全包裹在机体内，达到同时减小雷达与红外信号的目的。这样，该机从前机身的菱形截面自然流畅地过渡到后机身的扁平截面，在确保气动性能的前提下，更好地满足了低可探测性的需要。

"雷神"无人机前方特写

机载武器

作为专门用于验证低空突防任务的攻击平台，"雷神"无人机设计有2个内置武器舱，以便能够携带对地攻击武器，并保持较强的生存能力。

"雷神"无人机上方视角

电子设备

在验证阶段，"雷神"配置传统的光电和雷达传感器作为基本的机载探测设备，远期有可能采用 BAE 系统公司正在研制的保形雷达。BAE 系统公司还考虑在雷神计划中应用图像采集和开发（ICE）系统，以担负空中监视和侦察任务。

"雷神"无人机侧方特写

服役记录

英国军方官员认为，"雷神"无人机战斗力强大，能够在配装有致命性武器的情况下，从英国机场出发，飞抵世界各地执行任务。未来"雷神"无人机可能会被派往非洲反恐战场。

"雷神"无人机在空中执行任务

10秒速识

"雷神"无人机机身和机翼的后缘分别对应平行于前缘，前机身呈菱形截面，过渡到后机身呈扁平截面。

"雷神"无人机在高空飞行

法国"神经元"无人战斗机

"神经元"(Neuron)无人机是由法国达索航空公司主导的隐身无人战斗机项目,有多个欧洲国家参与研发。

研发历史

"神经元"无人机项目由法国领导,瑞典、意大利、西班牙、瑞士和希腊参与研发。其实施目的一是开发设计未来作战飞机所需要的、关键的

基本参数	
长度	9.5米
翼展	12.5米
空重	4900千克
最大速度	980千米/时
实用升限	14000米

和战略性的技术,二是验证创新且高效的欧洲跨国合作模式。2006年2月,法国国防部武器装备总局(DGA)代表所有参与国的官方机构,授予达索飞机制造公司的"神经元"UCAV验证机研制合同。2012年年中,"神经元"无人机完成试飞,随后在法国、瑞典和意大利开展为期两年的试飞。

"神经元"无人机(左)、"阵风"战斗机(中)与"猎鹰"7X 运输机(右)

机体构造

"神经元"无人机在外形设计和气动布局上,借鉴了 B-2A 隐身轰炸机的设计经验,采用了无尾布局和翼身完美融合的外形设计方式,其 W 形尾部、直掠三角机翼以及锯齿状进气口遮板都与 B-2 类似。该机采用全复合材料结构,雷达辐射能量少。因为没有驾驶员座舱,所以体积和重量都相对较小。

"神经元"无人机在高空飞行

机载武器

"神经元"无人机是一种集侦察、监视、攻击等功能于一身的多功能无人作战平台。在其他无人侦察机的配合下,该型机可以反复在敌核生化制造和储存地区进行巡逻、侦察和监视,一旦发现目标便可根据指令摧毁这些目标。该型机也可在前方空中控制员的指挥下,与地面力量密切配合,执行由武装直升机和攻击机完成的近距空中支援任务。"神经元"无人机安装2个内部武器舱,如挂载联合直接攻击弹药打击地面目标,其成本远低于"战斧"巡航导弹。

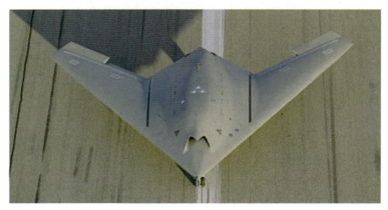

"神经元"无人机上方视角

电子设备

"神经元"综合运用了自动容错、神经网络、人工智能等先进技术,具有自动捕获和自主识别目标的能力,也可由指挥机控制其飞行或作战。"神经元"既能通过机载数据链系统引导友机规避或攻击目标,又能在友机引导下自主攻击目标。

展览中的"神经元"无人机

服役记录

2012年11月,"神经元"无人机在法国伊斯特尔空军基地试飞成功。法国国防部称其开创了新一代战斗机的纪元。

"神经元"无人机侧方特写

10秒速识

"神经元"无人机采用W形尾部、直掠三角机翼以及锯齿状进气口遮板。翼展尺寸与"幻影2000"战斗机相当。

"神经元"无人机在跑道上

德国/西班牙"梭鱼"无人战斗机

"梭鱼"（Barracuda）无人机是欧洲宇航防务集团研制的一款无人战斗机，主要用户为德国和西班牙。

研发历史

2003年1月，以皮特·汉克尔和汤姆斯·格特曼为首的项目组开始制定"梭鱼"无人机系统的详细技术指标。此后的一年里，该无人机系统所有组成部分的技术指标都被确定，并且选出了合作伙伴和系统供应商。2004年年初，首套"梭鱼"无人机系统的制造工作在德国奥格斯堡正式开始。"梭鱼"无人机于2006年5月在柏林航展上首次展出，这架无人机最初的测试飞行是在西班牙的莫西亚(Murcia)进行的，无人机在这里成功地进行了首飞，随后就开始了验证飞行计划。飞行测试中，从起飞到降落，该无人机都是完全按照事先预置的程序飞行，地面监控站只是在飞行过程中起到了监视的作用。

基本参数	
长度	8.25米
翼展	7.22米
空重	2300千克
最大起飞重量	3250千克
最大速度	1041千米/时
最大航程	200千米
实用升限	6100米

展览中的"梭鱼"无人机

机体构造

"梭鱼"无人机具有出色的气动布局和外形设计,机身主要采用碳纤维复合材料,"梭鱼"无人机的这种气动外形先后在法国、瑞典、德国进行了多次风洞测试,结果显示其飞行性能完全能够满足设计需要。

工作人员正在检修"梭鱼"无人机

机载武器

"梭鱼"无人机的最大有效载荷超过了300千克,这也是欧洲当前在无人机系统中载荷最大的无人机。

Chapter 06　无人作战飞机

"梭鱼"无人机在高空飞行

▶ 电子设备

　　"梭鱼"无人战斗机的电子设备系统采用模块化设计，可以根据任务需要将任务模块组合到机身上。在目前的计划阶段，包括光电红外传感器、激光目标指示器、发射体定位系统、合成孔径雷达都被装进了设备舱，在后期的试飞中进行测试。"梭鱼"无人机安装了无线电导航装置，通过一种特殊的无线 GPRS 导航系统，在欧洲少数几个地面系统的帮助下，就能实现精确定位与飞行导航。

"梭鱼"无人机侧下方特写

▶ 服役记录

　　2006 年 9 月 23 日，"梭鱼"无人机在一次正常试飞中坠毁，被欧洲宇航防务集团看成是"在占领世界无人机市场领先地位"上的重大损失。尽管如此。欧洲宇航防务集团公司并没有停止这方面的研究，该公司已经开始了下一架"梭鱼"无人机的制造工作，并且之前在前一架验证机上所取得的诸多成功经验都将应用在新的研制中。

展览中的"梭鱼"无人机

10秒速识

"梭鱼"采用Ｖ形尾翼，发动机进气道位于机背。另外，该机几乎所有的边缘和折角都沿一个方向设计。

"梭鱼"无人机侧前方特写

意大利"天空"X无人攻击机

"天空"X无人机是意大利阿莱尼亚航空公司研制的一款无人攻击机。

研发历史

"天空"X无人攻击机研发计划本是阿莱尼亚航空公司响应欧洲无人攻击机计划而率先制订的计划。由于得到了意大利政府提供的2500万欧元的支持,项目进展迅速。除了阿莱尼亚航空公司外,意大利国内还有多家公司参与了"天空"X的研制工作。2003年10月,阿莱尼亚航空公司制订了系列而又完整的"天空"X无人攻击机测试计划。2004年年底,"天空"X无人攻击机原型机开始地面测试。

基本参数	
长度	7.8米
高度	1.86米
翼展	5.94米
空重	1000千克
最大起飞重量	1450千克
最大速度	800千米/时
最大航程	200千米
实用升限	7260米

航展中的"天空"X无人机

机体构造

"天空"X无人攻击机发动机性能非常出色，使用1台TR160-5/628型小涡轮涡喷发动机，该发动机动力强劲。它的机身外形、发动机布置方式和翼身结构都与设计概念图大不一样，可收放式起落架也是后加上去的。

"天空"X无人机（小）与"天空"Y无人机（大）

机载武器

"天空"X无人机有1个腹部模块化弹舱，用于放置弹药，其有效载荷为200千克。从飞行性能看，"天空"X无人机与美国"捕食者"无人机相比也极具优势。

Chapter 06　无人作战飞机

"天空"X无人机上方视角

服役记录

2005年5月29日，在瑞典的维德斯尔空军基地，1架"天空"X无人机刚升空试飞，就有1架马基航空公司的SF260TP式飞机来追捕它。在基地附近控制中心的阿莱尼亚公司试飞员恩里克·斯科拉博图操纵着那架"天空"X无人机采用各种战术动作，成功地躲避了SF260TP式飞机的追捕。

"天空"X无人机侧方特写

10秒速识

"天空"X无人机机长7.8米,翼展为5.94米,具有可收放式起落架。

"天空"X无人机后方特写

参考文献

[1] 保罗·艾登. 现代战机百科全书[M]. 北京：中国画报出版社，2016.

[2] 军情视点. 全球战机图鉴大全[M]. 北京：化学工业出版社，2016.

[3] 灌木文化. 世界经典战机完全图解[M]. 北京：化学工业出版社，2017.

[4] 霍姆斯. 简氏美军战机鉴赏指南[M]. 北京：人民邮电出版社，2009.

世界武器鉴赏系列

世界武器鉴赏系列

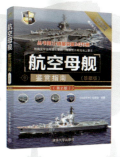